はじめに

ISO 45001 は、労働安全衛生マネジメントシステム（以下、OHSMS）の国際規格として 2018 年に発行され、6 年が経過しました。この規格は、労働安全衛生の向上を目指す多くの関係者にとって、待望のツールであり、日本の労働安全衛生管理に新たな可能性をもたらすものでした。

40 年以上にわたり労働安全衛生の分野に携わってきた筆者は、ISO 45001 が日本の労働安全衛生管理を進化させる絶好の機会を提供すると確信しています。従来のボトムアップ型のアプローチに、経営層からのトップダウンの視点を加えることで、組織全体の一体的なマネジメントが可能となるからです。この規格は、労働安全衛生管理の基盤を一段高いレベルへ押し上げるものです。そして、重篤災害の抑止にも貢献できると期待していました。

しかしながら、現状の ISO 45001 の効果は期待したほどではないと考えています。日本企業の現状は、ボトムアップにより軽微な労働災害の発生率は低く抑えられているものの、トップダウンによる重篤災害防止の課題は依然として改善されていません。これを克服するためには、従来の「管理」だけではなく、経営層のリーダーシップに基づく「マネジメント」が必要です。ISO 45001 は、この課題に応えるための重要なツールとなる筈です。

そこで、この改訂版では、初版の ISO 45001 の要求事項に基づく OHSMS の構築と運用に関する実践的なガイドに加え、次の 2 点を強調しています。

トップダウンの重要性（第 1 章）

従来の事業所単位でボトムアップ型の管理から、組織全体のガバナンスを強化するトップダウンのマネジメントとすることが求められています。ISO 45001 における経営層のリーダーシップは、安全文化を育む礎であり、OHSMS の真髄とも言える重要な要素です。

リスクアセスメントの改善（第 4 章）

従来の危険予知（KY）が「危ないところ探し」にとどまっている状況を脱却し、危険源を適切に特定し、既存の管理策の有効性を考慮した本来のリスクアセスメントを実現することが必要です。

当初は、ISO 45001 の改定を待って改訂版を発行するつもりでしたが、改定が 2027 年以降になることが確定したため、今般、労働安全衛生法改正の反映に加え、前述の 2 点を強調してマイナー改訂版を発行することといたしました。

本書が、労働安全衛生担当者のみならず、経営層やサステナビリティ／CSR 担当者、ISO 審査員、行政関係者など、幅広い読者層にとって役立つことを願っています。OHSMS の強化と労働災害の防止に向けた新たな一歩として、ぜひ本書をお役立てください。

　2025 年 1 月

労働安全コンサルタント
労働衛生コンサルタント
黒崎　由行

本書利用上の注意事項

- ISO 45001 を含む ISO のマネジメントシステム規格は、フレームワーク（枠組み）を示すもので、具体的な対応方法は示していない。本書で提示する対応事例は参考例に過ぎず、その参照を強制するものではない。
- ISO 45001 の審査は、組織固有の状況が反映されること、文書や記録以上に現場の運用状況が重要視されるものであり、本書の対応事例に従うことが、ISO 45001 の認証取得を保証するものではない。
- 本書では関連する労働安全衛生法及びその関連規則類を引用している。その条文については、電子政府 e-Gov のテキストをコピーしている。なお、本書で引用している法令は、2024 年 12 月 1 日現在のものである。
- 本書に基づき OHSMS を構築・運用した結果の影響については責任を負うものではない。

目　　次

はじめに………………………………………………………………………… i

本書利用上の注意事項………………………………………………………… iii

第1章　OHSMS の本質……………………………………………………… 1

1. 労働災害の責任の所在 ……………………………………………………… 2
2. 日本と欧米の安全に対する考え方の違い ………………………………… 4
3. 日本と欧米の安全衛生管理の相違 ………………………………………… 5
4. 労働安全衛生を取り巻く状況 ……………………………………………… 8
5. グローバル企業のサステナブル調達監査における労働安全衛生 ……… 9
6. ハインリッヒの法則の誤解 ………………………………………………… 11
7. 労働安全衛生管理と OHS マネジメントは違うのか ………………… 12
8. 安全文化とは ………………………………………………………………… 13

第2章　ISO 45001 の概要………………………………………………… 15

1. ISO によるマネジメントシステム規格 ………………………………… 16
2. ISO 45001 発行までの経緯 ……………………………………………… 17
3. ISO 45001 開発難航の原因 ……………………………………………… 19
4. 附属書 SL とは …………………………………………………………… 20

第3章　ISO 45001 の理解と OHSMS 構築……………………………… 23

1. 解説上の参照規格 …………………………………………………………… 24
2. 本章の構成 …………………………………………………………………… 25
3. ISO 45001 の理解と OHSMS 構築 ……………………………………… 27
　⑴　全体構成………………………………………………………………… 27
　⑵　用語と定義……………………………………………………………… 28
　　安全………………………………………………………………………… 28
　　働く人……………………………………………………………………… 28
　　OHSMS の意図した成果………………………………………………… 28
　　プロセス…………………………………………………………………… 30
　　リスク及び機会…………………………………………………………… 32
　　文書化した情報…………………………………………………………… 33
　⑶　「4　組織の状況」……………………………………………………… 34
　　「4.1　組織及びその状況の理解」……………………………………… 35
　　「4.2　働く人及びその他の利害関係者のニーズ及び期待の理解」… 40
　　「4.3　OHSMS の適用範囲の決定」…………………………………… 43
　　「4.4　OHSMS」………………………………………………………… 47

(4) 「5　リーダーシップ及び働く人の参加」…………………………………………51
　「5.1　リーダーシップ及びコミットメント」………………………………………51
　「5.2　OHS 方針」………………………………………………………………………54
　「5.3　組織の役割、責任及び権限」…………………………………………………57
　「5.4　働く人の協議及び参加」………………………………………………………60

(5) 「6　計画」…………………………………………………………………………………63
　「6.1　リスク及び機会への取組み」…………………………………………………64
　「6.1.1　一般」……………………………………………………………………………69
　「6.1.2　危険源の特定並びにリスク及び機会の評価」……………………………69
　「6.1.2.1　危険源の特定」………………………………………………………………69
　「6.1.2.2　OHS リスク及び OHSMS に対するその他のリスクの評価」…………69
　「6.1.2.3　OHS 機会及び OHSMS に対するその他の機会の評価」………………69
　「6.1.3　法的要求事項及びその他の要求事項の決定」……………………………77
　「6.1.4　取組みの計画策定」……………………………………………………………83
　「6.2　OHS 目標及びそれを達成するための計画策定」……………………………87
　「6.2.1　OHS 目標」………………………………………………………………………87
　「6.2.2　OHS 目標を達成するための計画策定」……………………………………87

(6) 「7　支援」…………………………………………………………………………………93
　「7.1　資源」………………………………………………………………………………93
　「7.2　力量」………………………………………………………………………………95
　「7.3　認識」………………………………………………………………………………101
　「7.4　コミュニケーション」…………………………………………………………103
　「7.4.1　一般」……………………………………………………………………………103
　「7.4.2　内部コミュニケーション」…………………………………………………103
　「7.4.3　外部コミュニケーション」…………………………………………………103
　「7.5　文書化した情報」…………………………………………………………………111
　「7.5.1　一般」……………………………………………………………………………111
　「7.5.2　作成及び更新」…………………………………………………………………111
　「7.5.3　文書化した情報の管理」………………………………………………………111

(7) 「8　運用」…………………………………………………………………………………115
　「8.1　運用の計画及び管理」……………………………………………………………115
　「8.1.1　一般」……………………………………………………………………………115
　「8.1.2　危険源の除去及び OHS リスクの低減」……………………………………115
　「8.1.3　変更の管理」……………………………………………………………………119
　「8.1.4　調達」……………………………………………………………………………122
　「8.1.4.1　一般」…………………………………………………………………………122
　「8.1.4.2　請負者」………………………………………………………………………122
　「8.1.4.3　外部委託」……………………………………………………………………122
　「8.2　緊急事態への準備及び対応」……………………………………………………127

⑻ 「9　パフォーマンス評価」 ……………………………………………………… 131

　　「9.1　モニタリング、測定、分析及びパフォーマンス評価」 …………… 132

　　「9.1.1　一般」 …………………………………………………………………… 132

　　「9.1.2　順守評価」 …………………………………………………………… 136

　　「9.2　内部監査」 ……………………………………………………………… 139

　　「9.2.1　一般」 …………………………………………………………………… 139

　　「9.2.2　内部監査プログラム」 ……………………………………………… 139

　　「9.3　マネジメントレビュー」 ……………………………………………… 145

⑼ 「10　改善」 …………………………………………………………………………… 149

　　「10.1　一般」 …………………………………………………………………… 149

　　「10.2　インシデント、不適合及び是正処置」 …………………………… 149

　　「10.3　継続的改善」 …………………………………………………………… 149

第4章　リスクアセスメント実務ガイド ……………………………… 157

1. なぜ、リスクアセスメントは役に立たないのか ……………………………… 158

2. 誰がリスクアセスメントをするのか ……………………………………………… 160

3. リスクアセスメントのステップ ………………………………………………… 161

4. どのように危険源を特定するのか ……………………………………………… 162

5. 危険源から危害の特定 ……………………………………………………………… 165

6. 重大性はどのように評価するのか ……………………………………………… 166

7. 発生の可能性はどのように評価するのか ……………………………………… 167

8. 許容の可否はどのように判断するのか ………………………………………… 169

9. 許容不可と評価されたリスクはどのように対策するのか ………………… 170

10. 重要ポイント：対策を先に考えない ……………………………………………… 171

11. 専門的なリスクアセスメント …………………………………………………… 172

12. 化学物質リスクアセスメント …………………………………………………… 173

第5章　OHSMS 構築及び認証取得ステップ ……………………… 175

1. マネジメントシステムと適用範囲の決定 ……………………………………… 176

2. 全社・グループ統合 OHSMS の構築および認証取得の進め方 …………… 177

3. OHSMS 構築および認証取得に要する期間 …………………………………… 178

4. OHSMS 構築および認証取得のステップ ……………………………………… 179

5. 認証審査とは ………………………………………………………………………… 180

6. 認証機関と認定機関 ………………………………………………………………… 181

7. ISO 審査員の力量 …………………………………………………………………… 182

8. 認証機関および審査員の選定 …………………………………………………… 183

9. ISO 45001 審査の内容 …………………………………………………………… 184

10. ISO 45001 審査の工数 …………………………………………………………… 186

第6章　付録 ……………………………………………………………… 187

OHSMS マニュアル（事例） ………………………………………… 188
個人用保護具管理手順書（事例） …………………………………… 209
内部監査チェックリスト：部門監査用（事例） …………………… 212

用語索引 ……………………………………………………………………… 219
あとがきに代えて …………………………………………………………… 221
参考文献 ……………………………………………………………………… 223

第1章 OHSMSの本質

　本章では、労働災害の責任は誰にあるのか、労働安全衛生管理のトップダウンとボトムアップの相違は何か、日本と欧米はなぜ異なるのか、労働安全衛生を取り巻く状況はどのように変化しているのかを伝え、OHSMSに対する基本的な考え方を示す。

　正しい理解のもとにトップダウンで安全文化を向上し、重篤な災害を抑止することを目指す第一歩を踏み出していただくことを目指す。

1．労働災害の責任の所在

2024年1月2日、羽田空港のC滑走路で海上保安庁の飛行機（以下、「海保機」）と日本航空の飛行機（以下、「JAL機」）が衝突し、海保機の乗員5名が死亡し、JAL機が炎上する事故が発生した。その概要は次のとおりである。

① 管制官からJAL機に着陸を指示（17時44分56秒）
② 前日に発生した能登半島地震の支援に向かうため離陸待ちをしていた海保機に管制官が滑走路前まで進むことを指示 "JA722A Tokyo TOWER good evening, No.1, taxi to holding point C5."（17時45分11秒）
③ 海保機は "Taxi to holding point C5 JA722A No.1, Thank you." と返答、しかし、C5（滑走路前の停止線）で止まらず、滑走路内に進入
④ 管制官は海保機の誤侵入に気付かず（進入し停止してから衝突まで40秒）
⑤ JAL機は管制官の指示のとおり着陸（JAL機の機長は海保機を視認できず）
⑥ 滑走路上で離陸待ちをしていた海保機に着陸したJAL機が衝突（17時47分頃）
⑦ 海保機の乗員5名が死亡、JAL機は炎上も全員脱出

この事故は誰の責任だろうか。管制官や海保機長のミスだろうか。

【管制官】
・指示の中の「No.1」が誤解を与えた、taxi to holding point C5 の holding point C5 がわかりにくかった
・滑走路上の停止を見逃した（警報が出ていた）

【海保機】
・管制官の指示を誤解して滑走路に進入した

もちろん、管制官、海保機長の落ち度はある。しかし動機的原因を考えれば、次のとおり管理上の問題も多い。

【国（国交省）】
・羽田空港は何故にこれほど過密なのか
・管制官の人員は足りていたのか（事故後に管制官を増員した）
・監視システムは適切だったのか
・なぜストップバーライト（停止線灯）すらないのか
・海保機はなぜ過密な羽田空港を使用しなければならないのか

ISO 45001を開発したPC283の事務局長を務めた英国規格協会のCharles Corrie氏は、次の

－2－

とおり述べている。

> 事故の80%は、マネジメントの過失の結果である。労働災害調査では、被災者が犯した不安全行動に焦点を当てがちであるが、事故を起こした風土や物理的環境を作ってしまった経営層・管理監督者層に焦点を当てないことがより深刻だ。

ジェームズ・リーズンは、著書『組織事故』（日科技連出版社）で次のとおり記している。

> 不安全行動は、労働災害の真の原因ではなく、様々な原因により発生した"結果"に過ぎない。すなわち、"作業手順を守らなかった"、"機械の管理が不十分だった"という"結果"の裏には、不適切な設計、監督不備、メンテナンス不良、ずさんな手順書、教育訓練不足、工具や保護具の不良など、経営層や管理監督者層のマネジメントの欠陥が真の原因として存在するのである。

多くの労働災害の原因調査においては、作業者の不安全行動が労働災害の原因であると短絡的に決めつけてしまい、作業者へ教育訓練をすることで再発防止策としている。しかし、真の原因を除去しない限り、再発防止もマネジメントの改善も図ることはできない。経営層や管理監督者層が自らのマネジメントの欠陥に目を向け、反省することから労働災害の再発防止対策がスタートするのである。

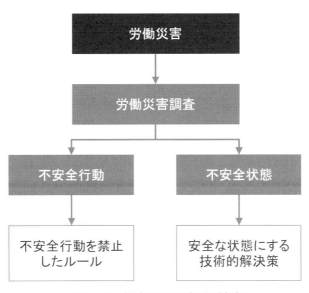

図表1-1　根本原因の究明が欠如

2. 日本と欧米の安全に対する考え方の違い

　中央労働災害防止協会が公表している「ILOデータによる世界各国の死亡災害発生率／休業災害発生率」の2018年のデータを纏めると次表のとおり示すことができる。

図表1-2　国別の労働災害発生件数

国	休業災害発生率 ※ （労働者10万人あたり）	死亡災害発生率 （労働者10万人あたり）
日本	230	2.0
アメリカ	900	5.3
イギリス	691	0.8
スウェーデン	740	1.0
オランダ	1,218	0.6
ドイツ	1,722	0.8
フランス	3,142	4.1

※ 日本、欧州は休業4日以上、米国は休業1日以上の労働災害が対象

　この結果は、日本は小さな災害を防ぐことには優れているが、重篤な災害を防ぐことには優れていないことを示している。

　ISO 45001の規格開発を担ったISO/PC283の国内審議委員会委員長を務めた向殿政男氏は、日本と欧米の安全に対する考え方の違いを次表のとおり示している。

図表1-3　日本と欧米の安全に対する考え方の違い

日本の考え方	欧米の考え方
労災は努力すれば二度と起きない	災害は努力しても技術レベルに応じて必ず起こる
災害の主原因は人である 技術対策よりも人の対策を優先	災害防止は技術的問題である 人の対策より技術的対策を優先
管理体制を作り、人の教育訓練をし、規制を強化すれば安全は確保できる	人は必ず間違いを犯すものだから、技術力の向上がなければ安全確保はできない
安全は基本的に、ただである	安全は基本的に、コストがかかる
度数率（発生件数）の重視	強度率（重大災害）の重視

出典：標準化と品質管理．2008：12より抜粋

3. 日本と欧米の安全衛生管理の相違

　果たして、日本企業の労働安全衛生管理の実力は、高いのであろうか。

　前節で紹介した、ILOの調査結果は、ボトムアップ型の日本の労働安全衛生管理は軽傷災害を防止することには優れているが、重篤な災害を防止することには課題があることを示している。

　筆者は、2024年12月～2025年1月に日本企業と欧米のグローバル企業の両者のOHSMSを知る専門家32名を対象に、その有効性の相対評価をアンケート調査し41名から回答を得た。

① 日本企業とグローバル企業の両者に勤務し、OHS（EHS：環境安全衛生）を担当した経験がある方：32名
② 日本企業とグローバル企業の両者に対して技術的支援をした経験があるコンサルタント、審査員・監査員：9名

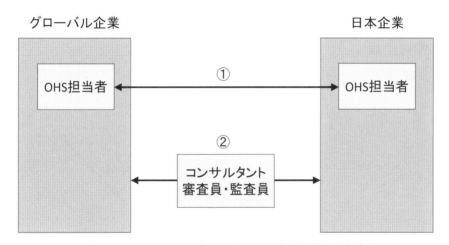

図表1-4　OHSマネジメントレベル相対評価の被験者

　調査は、①、②の専門家に次表の6項目に対して、5段階の相対評価を依頼した。評価は、個別企業に対するものではなく、専門家が知りえる日本企業とグローバル企業を相対的に比較するものである。野球に例えて言えば、日本のプロ野球と米国のメジャーリーグを、投手力、バッティング力、守備力などの項目別に比較するようなものである。

図表1-5　日本企業とグローバル企業のOHSマネジメント相対評価項目

評価項目	考慮すべき内容
トップのリーダーシップ・コミットメント	トップマネジメントの方針・コミットメントの表明と社員への伝達、経営資源投入、OHSマネジメントへの関与など
従業員の参画	OHSマネジメントへの一般社員の参加・関与
リスクアセスメント	リスクアセスメント（総合的、化学物質、エルゴノミクス、騒音等）の実施とその有効性
コンプライアンス	関係法令等の要求事項の特定、順守評価、順法監査
リスク管理策（プログラム）	危険源に対するリスク管理策の有効性。非定常作業管理（ロックアウト）、個人用保護具管理、酸欠管理（コンファインドスペース）、エルゴノミクス、聴力保護などのリスク管理プログラムなどを含む
監査	内部監査、コーポレート監査、相互監査、外部監査など

評価項目6項目の平均の散布図を下図に示す。企業内担当者と外部支援者の41名中38名がグローバル企業優位と評価した。

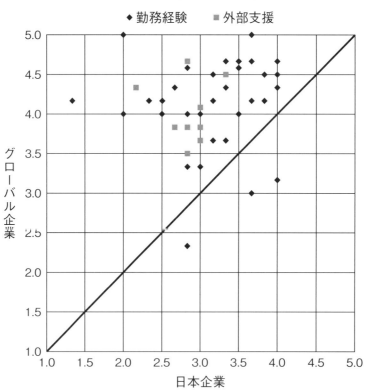

図表1-6　日本企業とグローバル企業のOHSマネジメント相対評価（平均）

評価項目ごと比較結果を次図に示す。6項目すべてグローバル企業が優位と評価された。

第1章 ● OHSMSの本質

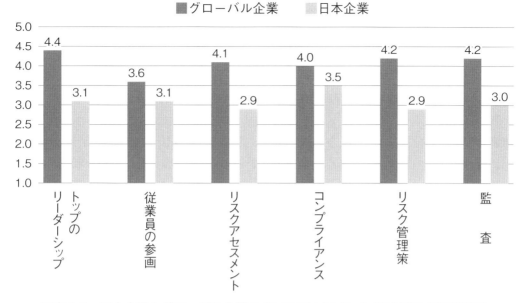

図表1-7　日本企業とグローバル企業のOHSマネジメント相対評価（評価項目）

【アンケートに寄せられた主要なコメント】
- トップのリーダーシップ：欧米企業は全ての会議で安全を優先し、トップが定期的に安全重視のメッセージを発信している。
- 従業員の参画：欧米企業は全体的にOHSの関与度が高い。現場の管理活動は両者ともしっかりとやっている。
- リスクアセスメント：欧米企業はHAZOPなど高度な手法を用い、工程全体を俯瞰した予防的なアプローチを実施している。日本企業はKYの延長としてRAを捉える傾向が強い。
- コンプライアンス：欧米企業は法令違反を企業リスクと捉え、独自基準を設ける場合も多い。専門機能やコンサル活用が一般的。日本企業は現場管理者の自己管理に依存しがち。
- リスク管理策：欧米企業はシステムによる管理で安定性を確保している。日本企業は工学的対策への投資が少なく、運用で対応することが多い。
- 監査：欧米企業は定期的な監査やコーポレート監査を実施している。EHS専門家による高水準の監査が一般的。日本企業は指摘を「悪」と捉える文化が根強く、改善の妨げになる場合がある。

以上の結果は、日本企業のOHSMSは、まだまだグローバル企業に学ばなければならないことを示している。

4. 労働安全衛生を取り巻く状況

　なぜ、グローバル企業（特に米国企業）のマネジメントは優れているのか、その理由は高い訴訟リスクや高額な罰金（米国では安全衛生庁基準違反で1億円を超える罰金の事例もある）にあると考えられる。

　「怪我と弁当は自分持ち」と訴訟リスクが低く、労働安全衛生法違反の罰金は「6月以下の懲役又は50万円以下の罰金」と安価な日本では、安全衛生管理を作業者に委ねるボトムアップ型の管理で良かったのかもしれない。

　しかし、今日では日本でも化学物質による疾病やメンタルヘルス疾患に対する訴訟も増えている。多くの法律事務所が労働災害に関する相談対応をPRしており、「怪我と弁当は自分持ち」は過去のものとなりつつある。

　また、厚生労働省は、毎月「ブラック企業リスト」（労働基準関係法令違反に係る公表事案）にて実名公表する対象に労働安全衛生法違反にて書類送検された企業を含めておりレピュテーション（風評）リスクも高まっている。

図表 1-8　労働基準関係法令違反に係る公表事案（事例）

北海道労働局

企業・事業場名称	所在地	公表日	違反法条	事案概要	その他参考事項
（株）	北海道札幌市北区	R5.12.6	労働安全衛生法第20条 労働安全衛生規則第171条の6	解体用機械を用いて作業を行う際、労働者を危険な場所に立ち入らせたもの	R5.12.6送検
（株）	北海道札幌市清田区	R6.1.18	労働基準法第120条	労働基準監督官の尋問に虚偽の陳述を行ったもの	R6.1.18送検
（株）	北海道札幌市白石区	R6.1.22	労働基準法第32条	労働者3名に、36協定の延長時間を超える違法な時間外労働を行わせたもの	R6.1.22送検
（株）	東京都新宿区	R6.1.25	労働安全衛生法第31条 労働安全衛生規則第646条	請負人に型枠支保工を使用させる際、安全基準に適合した措置を講じていなかったもの	R6.1.25送検
（株）	北海道札幌市中央区	R6.1.25	労働安全衛生法第20条 労働安全衛生規則第240条	型枠支保工を組立図により、組立てていなかったもの	R6.1.25送検
（株）	北海道函館市	R6.3.1	労働基準法第32条	有効な36協定締結・届出を行うことなく、労働者8名に違法な時間外労働を行わせたもの	R6.3.1送検
（株）	北海道札幌市北区	R6.3.14	労働安全衛生法第100条 労働安全衛生規則第97条	4日以上の休業を要する労働災害が発生したのに、遅滞なく労働者死傷病報告を提出しなかったもの	R6.3.14送検
（株）	北海道夕張市	R6.3.19	労働安全衛生法第21条 労働安全衛生規則第361条	深さ約2.7メートルの掘削溝の内部で労働者に作業を行わせる際に、土砂崩壊防止措置を行わなかったもの	R6.3.19送検
（株）	北海道旭川市	R6.3.19	最低賃金法第4条	労働者2名に、1か月分の定期賃金約43万円を支払わなかったもの	R6.3.19送検

　加えて上場企業には、財務指標のみならず「非財務指標」の開示が義務付けられ、その中には労働災害の発生件数や度数率・強度率も含まれている。

　これは、投資家がESG（環境・社会・ガバナンス）を重視していることによる。「社会」には重要なステークホルダーである社員の安全と健康を守る労働安全衛生が包含され、「ガバナンス」には、リスクマネジメントやコンプライアンスを含みマネジメントシステムそのものである。

-8-

5. グローバル企業のサステナブル調達監査における労働安全衛生

　企業のサプライチェーンにおけるサプライヤーマネジメントは、グリーン調達、CSR調達、そしてサステナブル調達と厳しさを増している。多くのグローバル企業や電子業界、製薬業界などの業界団体は、サステナブル行動規範を設定し、世界中のサプライヤーにサプライヤーサステナブル監査を実施している。

　その理由は、サプライチェーンにおいて、過重労働、児童労働、賃金搾取、贈収賄、環境汚染など企業の社会的責任を全うしないことにより社会の信頼を失い、不買運動などでビジネスに支障を来すことを避けるためである。

　それらのグローバル企業のサステナブル調達基準の項目は概ね共通しており、次図のとおりである。

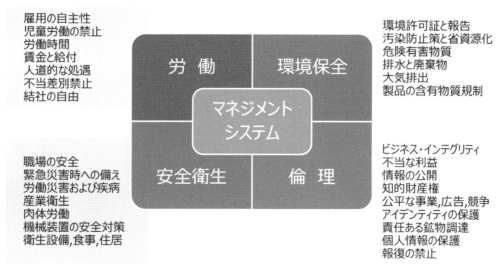

図表1-9　グローバル企業のサステナブル調達基準の項目

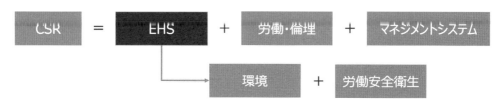

図表1-10　グローバル企業のCSR調達基準項目

　EHSとは、「Environmental, Health and Safety、環境及び労働安全衛生」である。同じ意味でESH、HSEと呼ぶ企業もある。

　このように労働安全衛生は、サステナビリティの重要な要素と位置付けられ、サプライヤー監査の対象となっている。

　図表1-9のとおり、調達基準の中ではマネジメントシステムの導入も求められている。それは

ISO 45001やISO 14001の認証を取得していれば監査から除外されるメリットもあり、認証取得の動機にもなっている。

　グローバル企業による日本のサプライヤーに対するサステナブル監査では、大企業でさえも労働安全衛生面で多くの指摘を受け、その是正に労力を費やしている。それは、ISO 45001の認証を取得している企業でも同様である。

　その指摘事項には、例として次のようなものがある。

・個人用保護具の選定基準がない
・非定常作業の管理プログラム（ロックアウト・タグアウト）が存在しない
・閉鎖空間（コンファインドスペース：酸欠、閉じ込めなどの危険場所）が特定されていない
・力量を必要とする要員への再トレーニングが実施されていない
・墜落制止用器具を掛けるフックの強度が計算されていない
・応急処置の要員がバッジや服装により識別されていない
・腰痛などエルゴノミック（人間工学）のリスク評価がされていない
・呼吸用保護具のフィットテスト（顔と面体の密着性試験）が実施されていない

　これらの厳しい要求は、日本企業の労働安全衛生管理を、労働安全衛生法など国内の適用法令を遵守することにとどまらず、より高いレベルを目指す機会となっている。

6. ハインリッヒの法則の誤解

日本企業のマネジメント層が安全衛生管理を部下に委ねてしまう理由の一つが、誰もが知る「ハインリッヒの法則」の誤解にある。

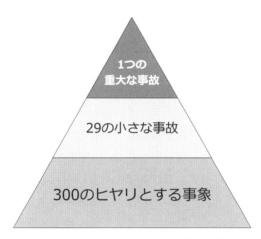

図表1-11　ハインリッヒの法則の解釈

有名な1：29：300の比率は、すべての災害を対象にしたものではない。

ハインリッヒは、保険会社の職員として多くの災害を扱う中で1950年代に統計的にこの法則を導いた。それは、**同じ人が巻き込まれた同じ種類の事故**が330回起きた場合の次の平均的な比率を表すものである。

　1回は休業災害以上の傷害
　29回は応急手当程度の傷害
　300回は事故は起きたが傷害は負わず

例として、転倒災害と感電災害ではその比率は異なり、1：29：300はあくまでも種々の災害の平均的な値を示している。

大多数の経営層や管理者層がこれをすべての種類の災害の比率を指していると拡大解釈し、「小さな災害の芽を摘めば大きな災害を防止できる」と思い込み、従事者に危険予知やヒヤリハット提案をさせていれば良いと自らの責任を放棄している状況が散見されるのはとても残念なことである。

地震と津波による福島原発の爆発事故は、従事者による危険予知やヒヤリハット提案では決して防ぐことはできなかったことは自明である。

このような経営リスクに繋がるようなリスクマネジメントをボトムアップに委ねることなく、トップダウンで主導することが不可欠である。

7．労働安全衛生管理と OHS マネジメントは違うのか

多くの日本企業は、日本の従来型の労働安全衛生"管理"と OHS"マネジメント（システム）"の違いを理解する必要がある。両者の違いを顕著に示しているのが、世界で最も OHS マネジメントが進んでいると言われている米国の化学会社デュポン社の安全 10 則である。

デュポン社の安全 10 則

1）全てのケガ及び職業病は防ぐことが出来る
2）マネジメントはケガ及び職業病の防止に直接責任がある
3）安全は雇用の条件である
4）トレーニングは職場の安全を確保する基本的な要素である
5）安全監査を実施しなければならない
6）安全上の欠陥は全て直ちに改善しなければならない
7）実際に発生したケガでなく、ケガの可能性のあるものは全て調査しなければならない
8）勤務時間内だけの安全でなく、勤務時間外の安全も同様に重要である
9）安全は引き合う仕事である
10）安全プログラムを成功させるためにもっとも決定的な要素は人である

（厚生労働省「自動車製造業における元方事業者・関係請負人の安全衛生管理マニュアル」より引用）

多くの日本企業の安全 10 則などの OHS に関する規範は、「ルールを守ろう」、「保護具を着用しよう」、「動いている機械には手を出さない」など、働く人に対する"押し付け"を表明したものである。

一方、デュポン社の安全 10 則は経営層の宣言（コミットメント）を示している。安全教育やKYT（危険予知訓練）など、働く人の意識や力量を高めるボトムアップはもちろん大切である。しかし、OHSMS においては、それ以上に経営層が担当者任せにせず、働く人の安全と健康を経営の最重要課題と位置付け、率先するトップダウンが不可欠である。

8. 安全文化とは

ISO 45001の特長として「文化」という言葉が次の箇条に登場する。
　　序文0.3　　　　成功のための要因
　　附属書A.4.1　　組織とその状況の理解
　　箇条5.1　　　　リーダーシップ及びコミットメント
　　附属書A.5.1　　リーダーシップ及びコミットメント
　　箇条6.1.2　　　危険源の特定並びにリスク及び機会の評価
　　附属書A.6.1　　リスク及び機会への取組み
　　箇条10.3　　　 継続的改善

その中で、**序文0.3成功のための要因**においては、OHSMSの成功要因の一つとして、「トップマネジメント（組織の最高責任者）が組織の『OHSMSの意図した成果』（目指すべき成果）を支援する「文化」（安全文化）を形成し、主導し、推進する」ことを挙げている。

良い作物を育てるためには肥沃な土壌が必要なように、マネジメントやマネジメントシステムを改善するためには、「安全文化」を醸成することが不可欠となる。

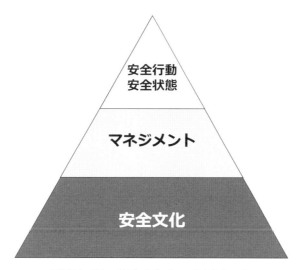

図表1-12　安全文化とマネジメント

「安全文化」という言葉は、1986年のチェルノブイリ原子力発電所事故の事故調査にあたった国際原子力機関（IAEA）の国際原子力安全諮問グループが提起したのが最初だと言われている。

安全文化とは、一般的に「業績や生産性よりも社員の安全と健康を最優先する企業文化」と捉えられている。安全文化や企業文化を変えない限り、OHSマネジメントは改善されず、不安全行動や不安全状態を根底から排除することはできない。

安全文化とは、漠然とした得体の知れないものである。ジェームズ・リーズンは、著書『組織事故』において安全文化を次のとおり説明している。

Just Culture：正義の文化
　許容できる行動と許容できない行動のラインが明確
Reporting Culture：報告する文化
　懲罰の脅威にさらされることなく、自由に重要な安全情報を共有
Informed Culture：必要な情報が行き渡る文化
　安全性を決定する、人的、技術的、組織的及び環境要因について最新の知識を持つ
Learning Culture：学習する文化
　安全情報システムから、正しい結論を導き出し、主要な改革を実施するための意欲及び能力を持つ

（『組織事故』（日科技連出版社）より引用）

これまでに、ISO 9001 や ISO 14001 に取り組んで来た組織の中には「ISO とは、"ペーパーワーク"」と誤解している経営層、管理監督者層、社員が多いのが実情である。

しかし、労働安全衛生がサステナビリティの一要素だと捉えられる今日、労働安全衛生を経営リスクの一要素と考えて、特に重篤な災害を抑止するトップダウン型のマネジメントを強化する必要がある。

そのためには、OHSMS をトップマネジメントのリーダーシップで安全文化を向上させ、OHS マネジメントを改善し、その結果として労働災害を低減するものだと理解することが第一歩である。

第2章 ISO 45001の概要

　本章では、ISO 45001発行の背景、ISO 45001開発のプロセス、ISO 45001のベースとなった附属書SLについて解説する。

　ISO 45001開発の背景などを理解することにより、第3章以降の理解を容易にすることを目的とする。

1. ISO によるマネジメントシステム規格

1987 年 3 月、国際標準化機構（International Organization for Standardization：以下、ISO）は、品質管理の国際規格 ISO 9000、ISO 9001、ISO 9002、ISO 9003、ISO 9004 から構成される ISO 9000 シリーズを発行した。従来は「製品」の国際規格を作っていた ISO が、「管理手法」を定めた初めての国際規格である。これは、後に品質マネジメントシステム―要求事項 ISO 9001 となる。

1996 年には、環境マネジメントシステムの国際規格 ISO 14001 が発行された。以降、情報セキュリティマネジメントシステム ISO/IEC 27001 など多くのマネジメントシステム規格が発行され、認証にも利用されている。

1993 年には IAF（国際認定機関フォーラム）が 15 の加盟国から発足し、認証制度がスタートした。これにより、ISO は国際間の取引に必須の要件となった。

我が国の 2023 年 12 月時点での認証組織件数を**図表 2-1** に示す。企業が ISO の認証を取得する最大の理由は、顧客から取引条件として認証の取得を要求されることにある。

図表 2-1　JAB（公益財団法人日本適合性認定協会）調査
マネジメントシステム認証組織件数（2023 年 12 月末現在）

マネジメントシステム規格	認証組織件数
ISO 9001：品質	40,722 件
ISO 14001：環境	21,766 件
ISO/IEC 27001：情報セキュリティ	8,864 件
ISO 45001：労働安全衛生	2,536 件

2. ISO 45001 発行までの経緯

マネジメントシステムの ISO 化の流れの中で、当然のように OHSMS の開発の気運が高まった。1994 年 5 月には、カナダより ISO 化が提案されたが、1997 年には、当面見送ることが決定した。

1999 年 12 月には、英国規格協会（BSI）が ISO 化を提案した。しかし、賛成が加盟国の 3 分の 2 以上を得られず否決された。2007 年にも再び提案されたが、同様の結果となった。

国際規格化は進まなかったが、その間も OHSMS 認証審査のニーズはあり、1999 年、英国規格協会（BSI）は 12 カ国の各国標準団体、審査登録機関、研修機関等からなるコンソーシアムを結成し、OHSAS 18001（Occupational Health and Safety Assessment Series）を開発した。OHSAS 18001 は、準国際規格として認証審査に利用された。

2013 年、再び ISO 化が提案された。提案元の英国規格協会（BSI）が懸案であった国際労働機関（ILO：International Labor Organization）との調整に注力したこともあり、賛成 30、反対 8、棄権 7 により承認され、国際規格 ISO 45001 の開発が決定した。

ISO 国際規格は、**図表 2-2** のステップにより策定される。

図表 2-2　国際規格の開発プロセス

これに対し、ISO 45001 では**図表 2-3** の経緯をたどった。開発の決定に至るまで長い年月を要した ISO 45001 であるが、開発段階に入っても難航を極めた。

図表 2-3　ISO 45001 発行までの経緯

① 開発委員会（PC）の設置	2013 年 6 月	ISO 45001 開発のための開発委員会 ISO/PC 283 を設置。最終的には、票決事項への投票義務や会議に貢献する義務を負う Participating countries メンバー70 カ国、Observing countries メンバー15 カ国より構成。ILO（国際労働機関）など非営利機関も参加。日本は Participating countries メンバーとして参加。
② 作業原案（WD）の作成	2013 年 10 月	ロンドンにおいて作業原案を作成。
③ 委員会原案（CD）の作成	2014 年 3 月	カサブランカにおいて、CD のドラフト版が作成され、7 月に投票が行われた。賛成 50、反対 12、棄権 3、無回答 20 でドラフトが CD となった。
	2014 年 10 月	CD を国際規格原案（DIS）に進める件について、メンバー国の投票の結果、賛成 29、反対 17、棄権 1 となり、賛成票が 2/3 に達しなかったため否決。CD は DIS とならず、CD 2 として議論が進められることとなった。
	2015 年 1 月	トリニダード・トバゴ共和国で CD 2 がまとめられ、2015 年 6 月、CD 2 を DIS に進める件について、メンバー国の投票の結果、賛成 35、反対 11、棄権 5 となり、賛成票が 2/3 に達したため承認。
④ 国際規格原案（DIS）の作成	2015 年 9 月	ジュネーブ会議で DIS を作成。メンバー国の投票が 2016 年 5 月に行われ、結果は賛成 71％、反対 28％。承認には、賛成 2/3 以上かつ反対 1/4 以下であることが必要だが、反対が 1/4 を超え、DIS は否決。各国からのコメント数も 2,966 件と多く、これらのコメントを反映した DIS 第 2 版（DIS 2）を発行することに。
	2016 年 11 月	リトアニア会議で DIS 2 が作成される予定であった。しかし、3,000 近いコメントを処理しきることができず、2017 年 2 月に会議招集に。
	2017 年 2 月	オーストリアのウィーンにてワーキンググループ会議が開催され、ISO 45001 の DIS 2 の修正が完了。
	2017 年 5 月	投票の結果、DIS 2 は承認されたものの、1,627 件ものコメントが寄せられた。
	2017 年 9 月	マレーシアのマラッカで、ISO/PC 283 会議を開催。FDIS のスキップも検討されたが、結局は FDIS も発行することに。
⑤ 最終国際規格案（FDIS）の作成	2017 年 11 月	FDIS が発行され、投票が実施された。投票の結果、賛成 57、反対 4、棄権 8 で FDIS が承認された。
⑥ 国際規格（IS）発行	2018 年 3 月	3 月 12 日、ISO 45001 が発行された。

－ 18 －

第2章 ● ISO 45001 の概要

3. ISO 45001 開発難航の原因

　図表2-3のとおり、ISO 45001 の開発は、他の ISO マネジメントシステム規格では例を見ないほど難航した。委員会原案（CD）が2回作成されて課題は解決されているはずなのに国際規格原案（DIS）もまさかの否決となった。さらに国際規格原案第2版（DIS 2）は承認されたものの、1,627件ものコメントが寄せられ、最終国際規格原案（FDIS）にたどり着いた。

　これほどまでに難航した理由をPC 283 事務局の Charles Corrie 氏は次のとおり述べている。

・一部の国々が、当初、労働安全衛生に関する事項における雇用主と社員間のバランスに変更が生じる可能性を懸念したため

・世界的な労働安全衛生プラクティスが採用された場合は、導入に多大なコストを伴う可能性があるため

・一部の国際機関が、ISO に労働安全衛生規格の開発能力がないことを懸念したため

　最終的には関係者の努力により国際規格の発行に至ることができたものの、これほど難航した最大の要因には、「附属書SL」の適用もあると言われている。次に附属書SLの概要を解説する。

－ 19 －

4. 附属書 SL とは

　附属書 SL とは、マネジメントシステム規格（以下、「MSS」：Management System Standard）を作成するための"テンプレート"ともいえるものである。

　従来の ISO 9001（品質）、ISO 14001（環境）、ISO/IEC 27001（情報セキュリティ）などの ISO MSS は、規格ごとにそれぞれの専門委員会（TC 又は PC）が開発していた。そのため、規格により用語の定義や構成が少しずつ異なっており、その相違は、複数のマネジメントシステムを統合して取り組もうとする組織の妨げとなっていた。

　ISO では、2006 年から 2011 年にかけて、ISO 9001、ISO 14001、ISO/IEC 27001 等の MSS の整合性を図るための検討を行い、ISO/TMB（技術管理評議会）/TAG 13-JTCG（合同技術調整グループ：JTCG）において、ISO MSS のテンプレートである次の要素を開発した。

- 上位構造（HLS：High Level Structure）
- 共通テキスト（要求事項の本文）
- 共通用語・定義

　それが、ISO MSS を制定する際に従うルールのひとつである「ISO/IEC 専門業務用指針　補足指針」の中の「附属書 SL」であり、2012 年 5 月以降に制定／改定されるすべての ISO MSS は、原則として「附属書 SL」に沿って規格を開発することが義務付けられた。

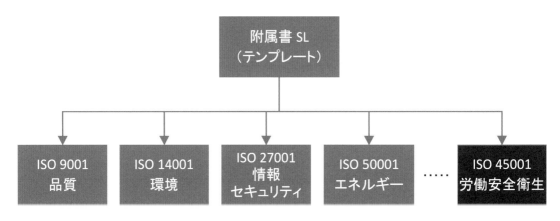

図表 2-4　附属書 SL と ISO マネジメントシステム規格

　ISO 45001 がどの程度、附属書 SL に忠実に作成されているかを理解するために、箇条 4.1 の比較を次に示す。

【附属書 SL】
4.1　組織及びその状況の理解
　組織は、組織の目的に関連し、かつ、その X X X マネジメントシステムの意図した成果を達成する組織の能力に影響を与える、外部及び内部の課題を決定しなければならない。

第2章 ● ISO 45001 の概要

【ISO 45001】

4.1　組織及びその状況の理解

　組織は、組織の目的に関連し、かつ、その労働安全衛生マネジメントシステムの意図した成果を達成する組織の能力に影響を与える、外部及び内部の課題を決定しなければならない。

　附属書 SL における上位構造（HLS）および共通テキストには、「リスク及び機会への取組み」が含まれている。この「リスク」の定義とは、「不確かさの影響（effect of uncertainty）」とされている。また、「影響とは、期待されていることから好ましい方向又は好ましくない方向に乖離することをいう」という注記も付いている。

　これは、労働安全衛生における OHS リスク、「危害の発生確率及びその危害の度合いの組合せ」（第 1 章参照）とは異なる概念である。同一規格の中に二つの異なる「リスク」が存在することが大きな混乱を招いた。最終的には、「OHS リスク」と「OHSMS に対するその他のリスク」として使い分けている。リスクについては、第 3 章で詳しく解説する。

　ISO 45001 は、ISO 9001 や ISO 14001 と同様に附属書 SL に従っているため ISO MSS の経験者にはなじみやすい。しかし、OHS の専門家には分かりづらく感じてしまうであろう。このギャップこそが規格開発が遅れた理由でもあり、多くの労働安全衛生担当者にとって理解を妨げる要因となっている。

　DIS や FDIS に対して世界中から出されたコメントは、ISO/PC 283 にてすべて解決された訳ではない。多くの課題が積み残された事実がある。ISO 45001 は、テンプレートである附属書 SL をベースに作成された "妥協の産物" でもあることを認識する必要があろう。

　組織は、OHSMS の最終的なゴールである「労働災害の防止と安全で健康的な職場の提供」の達成に向けて、附属書 SL をベースに開発されたことによる ISO 45001 の限界を認識し、対応することが期待される。

　なお、ISO は 2023 年 11 月 18 日に ISO 45001 の改定を決定した。その後、2024 年 5 月 31 日に正式に改定が承認され、現在は計画の段階に進んでいる。現実的には改定版が発行されるのは 2027 年以降になると考えられるが、現時点で時期は未定である（IRCA ウェブサイトより）。

-21-

第3章 ISO 45001の理解とOHSMS構築

　本章では、ISO 45001の全容と各要求事項（箇条4.1-10.3）を理解し、効率的にOHSMSを構築する方法を解説する。
　また、OHSMSのコンプライアンス上重要な労働安全衛生法との関連についても解説する。

1．解説上の参照規格

本書では、著作権の都合により ISO 45001 規格全文の引用はしない。ISO 45001 または JIS Q 45001 を参照されたい。

本章の ISO 45001 要求事項の解説では、次の規格類を参照する。

規格類	備考
ISO 45001:2018	労働安全衛生マネジメントシステム—要求事項及び利用の手引き
ISO 45001:2018 附属書 A	附属書 A とは、「この規格に規定する要求事項の誤った解釈を防ぐことを意図している」ものである。
OHSAS 18001:2007 OHSAS 18002:2008	ISO 45001 の前身の OHSAS 18001 労働安全衛生アセスメントシリーズのガイドラインである OHSAS 18001 実施のための指針 OHSAS 18002 には多くのヒントが掲載されていた。
ISO 45002:2023	労働安全衛生マネジメントシステム— ISO 45001:2018 実施の一般指針
ISO 14001:2015	環境マネジメントシステム—要求事項及び利用の手引き

第3章 ◉ ISO 45001 の理解と OHSMS 構築

2. 本章の構成

本章では、次の構成により ISO 45001 の理解と OHSMS の構築および運用方法を解説する。

タイトル	内容
本箇条の狙い	当該箇条がどのような意図を有しているのか、その概要を記述する。
ポイント解説	箇条の要求事項の理解を助けるために、Q&A 形式により要求事項のポイントを解説する。
構築ステップ	要求事項を満たすための OHSMS の構築の進め方をステップに分けて解説する。
ABC 社の事例	構築の具体的な対応方法を、ABC 社を例に示す。
労働安全衛生法との関連	要求事項と労働安全衛生法の関連を、法令条文を引用して解説する。
受審上のポイント	審査員の視点から、認証審査に対する準備や対応方法を解説する。内部監査の視点としても活用できる。

本書では、ISO 45001 に基づく OHSMS 構築の理解を容易にするために、次の組織を想定し、具体例を示す。

ABC 株式会社

・電子部品製造業
・社員 200 名
・一部製造ラインの請負あり
・組織図は**図表 3-1** 参照

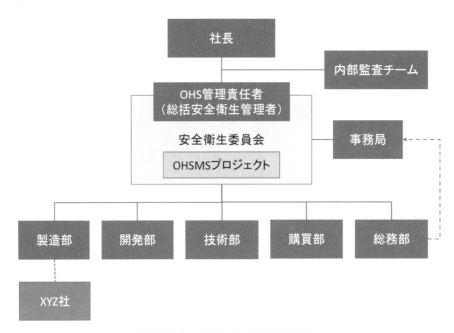

図表 3-1　ABC 株式会社組織図

　本章において、用語が長くなることによる煩雑さを回避するため、および ISO 45001 の要求事項の理解を容易にするために次表のとおり用語を置き換える。

規格の用語	本書の用語
労働安全衛生マネジメントシステム	OHSMS
法的要求事項及びその他の要求事項	法令等要求事項
労働安全衛生方針	OHS 方針
労働安全衛生目標	OHS 目標
労働安全衛生リスク	OHS リスク
労働安全衛生機会	OHS 機会
労働安全衛生パフォーマンス	OHS パフォーマンス
確立し、実施し、維持する	構築、運用する
文書化した情報（運用のために作成されたもの）	文書
文書化した情報（達成された結果の証拠）	記録

3. ISO 45001 の理解と OHSMS 構築

(1) 全体構成

ISO 45001 は、附属書 SL の上位構造（HLS）に従い、**図表 3-2** のとおり構成されている。

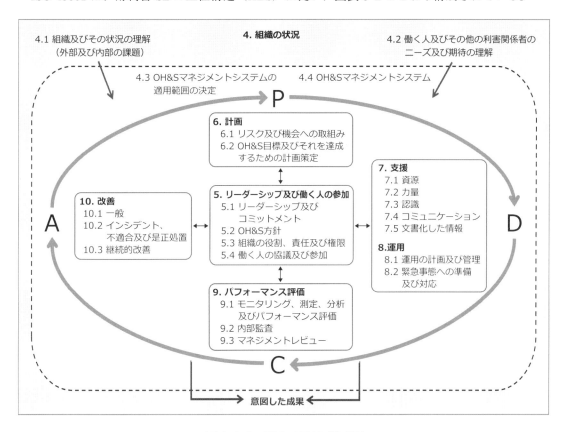

図表 3-2　ISO 45001 構成図

他の ISO MSS と同様に、トップの方針を PDCA（Plan-Do-Check-Act）で達成するための要素が、箇条 4.1 から箇条 10.3 で構成されている。
OHSMS の大きな流れは次のとおりである。
① 現状を理解する（箇条 4）
② 「意図した成果」に基づき OHS 方針を制定する（箇条 5.2）
③ OHS 方針の達成のため、PDCA のマネジメントシステムを構築、運用する（箇条 5～10）

(2) 用語と定義

　ここでは、ISO 45001 を理解するうえで特に重要な用語について解説する。

安全

　「安全」の定義は、ISO 45001 には示されていない。安全の定義には種々あるが、ISO 45001 にふさわしい定義は、ISO/IEC Guide 51: Safety aspects – Guidelines for their inclusion in standards に示されている次の定義である。

> 許容不可能なリスクがないこと
> freedom from risk which is not tolerable

　この場合のリスクとは、ISO 45001 では「OHS リスク」を指し、次の定義となる。

> **労働に関係する危険な事象又はばく露の起こりやすさと，その事象又はばく露によって生じ得る負傷及び疾病の重大性との組合せ。**

　リスクをゼロにすることは不可能であり、「絶対安全」など存在しない。ISO 45001 の序文 0.2 [OHSMS の狙い] には、「効果的な予防方策及び保護方策をとることによって危険源を除去し，労働安全衛生リスクを最小化することは，組織にとって"決定的に重要"（critically important）である」と記されているとおり、「安全」においてリスクの低減は最も重要なテーマである。

働く人

　ISO 45001 において、「働く人」が使われているが、原文は worker である。**箇条 3　用語及び定義**では、worker を次のとおり定義している。

> 3.3
> 働く人（worker）
> 組織の管理下で労働又は労働に関わる活動を行う者。

　働く人には、正社員はもちろんのこと、パートタイム、アルバイト、派遣、請負、季節雇用が含まれる。また、トップマネジメント、経営層、管理職も含まれる。（注記 1.2 より）

OHSMS の意図した成果

　ISO 45001 で頻出する「OHSMS の意図した成果」は、**箇条 1　適用範囲**に次のとおり記されている。

－ 28 －

OHSMS の意図した成果は、組織の OHS 方針に整合して、次の事項を含む：
　a）OHS パフォーマンスの継続的改善
　b）法的要求事項及びその他の要求事項を満たすこと
　c）OHS 目標の達成

OHS パフォーマンスとは、箇条 3.27 及び 3.28 から次のとおり定義される。

「働く人の負傷及び疾病の防止」と「安全で健康的な職場の提供」の有効性に関する測定可能な結果

したがって、OHSMS の意図した成果は次のとおりとなる。
・働く人の負傷及び疾病の防止の有効性の継続的改善
・安全で健康的な職場の提供の有効性の継続的改善
・コンプライアンス（法令等の順守）
・OHS 目標の達成
・その他、組織が OHS 方針で特に定めること

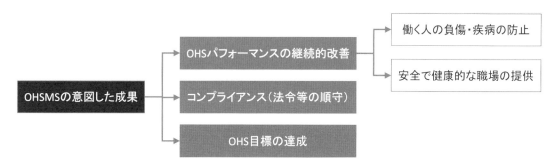

図表 3-3　OHSMS の意図した成果

　この「OHSMS の意図した成果」は、各組織で現状に照らして具体的に設定することが必要である。
　なお、OHS 方針においては、トップマネジメントが次の事項をコミットすることが求められており、OHSMS の目的と一致するところである。
　・負傷・疾病を防止するために、安全で健康的な労働条件を提供すること
　・法令等要求事項を守ること
　・危険源を除去すること、OHS リスクを低減すること
　・OHSMS を継続的に改善すること
　・働く人と協議の場をもつこと、働く人を OHSMS に参加させること

以上の構成を**図表 3-4** に示す。

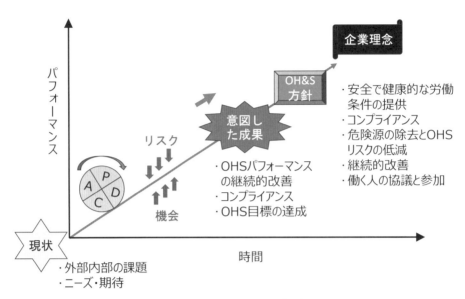

図表 3-4　ISO 45001 の概念図

プロセス

「プロセス」とは、**箇条 3　用語及び定義**で次のとおり定義している。

3.25
プロセス（process）
インプットをアウトプットに変換する、相互に関連する又は相互に作用する一連の活動

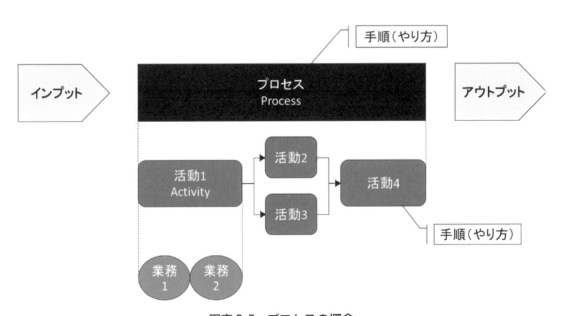

図表 3-5　プロセスの概念

プロセスの対象は、箇条4.1から10.3までの各要求事項である。それらのプロセスはお互いに関連し合うので、相互作用も明確にする必要がある。

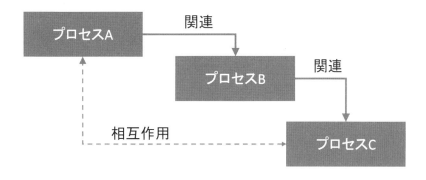

図表3-6　プロセスの相互作用

プロセスと合わせて使用される用語に、「確立」、「実施」、「維持」、「継続的改善」がある。それらの定義は次のとおりである。

プロセスに対する用語	意味
確立する establish	実施できるよう整備すること。 「OHSMSを確立する」とはOHSMSを構築すること。一般的に言うと、OHSMSマニュアルを作成すること。(ISO 45001では、マニュアル作成の要求はない) 本書では「構築する」という。
実施する implement	確立したマネジメントシステムを実行（運用）すること。 OHSMSをOHSMSマニュアルに従って運用すること。
維持する maintain	メンテナンスすること。 つまり、種々の変化に対応すること
継続的改善 continual improvement	PDCAを廻すことにより常に改善すること。 同じ軌道を回る"サークル"ではなく、らせん状に向上する"スパイラルアップ"が必要とされる。

リスク及び機会

リスク（risk）とは：

附属書 SL 及び ISO 45001 では、「リスク」を次のとおり定義づけている。

3.20　リスク（risk）

不確かさの影響

注記1：影響とは、期待されていることから、好ましい方向又は好ましくない方向に乖離することをいう。

例えば、ビジネスにおいて、新製品を上市する際には売上目標を設定する。これは"不確か"である。売上を 10 億円と予想したのに 8 億円しか売れなかったら大きな損失となる。仮に 15 億円売れたら好ましいことではあるが、納期遅延や時間外労働の増大などの混乱を招くこととなる。したがって、10 億円という設定をできる限り正確なものとする必要があるが、どうしても不確かさは残ることになり、その影響が「リスク」となる。ビジネスにおいては、全てのプロセスで不確かさの影響、つまりリスクを最小限化する必要がある。

一方で、労働安全衛生では、従前より「リスク」を扱ってきた。第 1 章で示したとおり、「安全」の定義は、「許容不可能な"リスク"がないこと」であり、安全とリスクは切り離せないものである。附属書 SL の好ましい方向への乖離も含まれるリスクとの共存は混乱を招くものである。

ただし、附属書 SL には、次の記述がある。

SL.9.4.附属書 SL Appendix 2 の使用

7. "リスク"という概念の理解は，この附属書 SL の Appendix 2 の 3.9 の定義に示されたものよりも，更に固有である場合もある。この場合，分野固有の用語及び定義が必要なことがある。分野固有の用語及び定義は，中核となる定義とは区別する［例（XXX）リスク］。

そこで、ISO 45001 では、OHS 分野固有の用語として、従来から使用してきたリスクを「OHS リスク」として定義したのである。

機会（opportunity ＝好機）とは：

「機会」については、一般的な辞書の意味と同じであるという理由で、ISO では定義づけは見送られている。辞書では、「事をするのに最も都合のよい時機。ちょうどよい折。チャンス。」などと記されている。ビジネスにおいては、例えば規制緩和や新たな流行など、取組むことにより組織の目標達成にプラスになる状況、タイミングを意味する。この意味において、「機会」より「好機」と和訳した方が理解しやすいであろう。

「好機」には、2 種類ある。「チャンス」（chance）と「オポチュニティー」（opportunity）である。この違いは、「チャンス」は「偶然の好機」であるのに対して、「オポチュニティー」は「自ら引き寄せた好機」である。

- 32 -

以上の結果として、ISO 45001 では、リスク及び機会について、次の用語が使用されている：

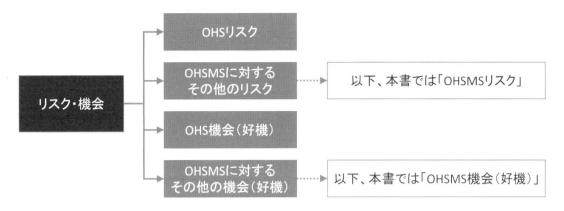

図表 3-7　ISO 45001 におけるリスク・機会

文書化した情報

「文書化した情報」とは、従来の「文書」と「記録」を総称した用語である。**箇条 3　用語及び定義** 3.24 に定義されている。

附属書 SL の開発時に「管理した情報」という言葉を使用することを考えていたが、情報セキュリティマネジメントシステム ISO/IEC 27001 の技術委員会から使用しないで欲しい旨の提案があり、「文書化した情報」と分かりにくい用語となった経緯がある。

図表 3-8　文書化した情報の定義

要求事項の中で"維持する"と記されれば「文書」であり、"保持する"と記されれば「記録」である。

(3)「4 組織の状況」

【解説】
　箇条4は、OHSMSの構築に入る前に、組織の置かれた状況を正しく理解することを意図している。ここでは細事にとらわれることなく、経営的観点からの、より大局的な視点が必要である。

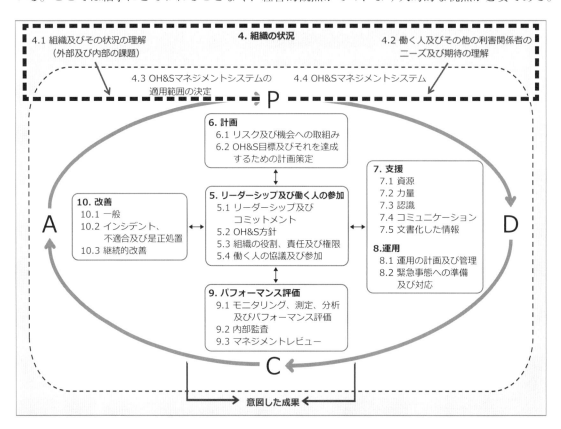

図表 3-9　ISO 45001 構成図（4. 組織の状況）

　箇条4の位置づけは、**図表 3-10** でも示すことができる。
　OHS方針や「意図した成果」を達成するためには、現状を正しく認識することが不可欠となる。箇条4は、附属書SLの大きな特徴である。箇条4.1で外部・内部の課題を決定し、箇条4.2で働く人や利害関係者が組織に何を求めているかを決定する。

第3章 ● ISO 45001 の理解と OHSMS 構築

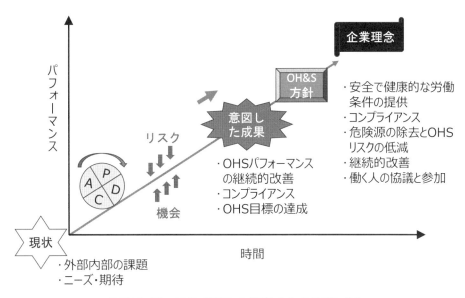

図表 3-10　ISO 45001 の箇条 4.1 の位置づけ

「4.1　組織及びその状況の理解」

本箇条の狙い：

　本箇条の目的は、組織が OHSMS を構築する前（見直す時）に組織の現状を適切に認識することである。その一つとして、現状の「OHSMS の意図した成果」に関連する組織外（外部）及び組織内（内部）の良い面と悪い面の課題を決定する。

【ポイント解説】
課題とは何か？：

　本箇条における「課題」の原文は issues であり、problem（ネガティブな問題）ではない。issues とはビジネス用語と言っても良いくらいマネジメントに関連して一般的に使われる言葉である。「本当にやるべき事は何か」、「本当に意味のある事は何か」を見極めることだといえる。

誰が決めるのか？：

　外部・内部の課題について、ISO 14001 の附属書 A.4.1 には、「高いレベルでの概念的な理解を提供することを意図している」と記されている。「高いレベル」とは、主として経営層を指し、つまり、役員会や安全衛生委員会などを含め、組織のトップマネジメントが関与することが求められる。また、「概念的な理解」とは、経営的観点から課題を決定することを意味する。

気候変動への配慮について（追補改訂）：

　ISO は、2021 年のロンドン総会で気候変動に組織を挙げて取り組んでいくことを宣言した。その一環として、附属書 SL の共通テキストに気候変動の考慮を加えることによりマネジメントシステム規格を利用する組織に気候変動への配慮を求めることとした。ISO 45001 も例外ではな

- 35 -

い。本箇条において、「組織は，気候変動が関連する課題かどうかを決定しなければならない。」という条文が2024年2月23日より追加となる。

　OHSMSにおいて最もわかりやすい事例は温暖化による熱中症リスクの増大であろう。その他にも次のような例が考え得る。

- 気候変動が労働安全衛生に与える課題として考えられること
- 作業者の高温環境の増加による熱中症の罹患や熱ストレスにさらされ、注意力や集中力低下による傷害リスク増大
- 極端な気温変動にて一部地域で寒波や降雪などによる低体温症や凍傷、車両のスリップや転倒などのリスクが増大
- 洪水、暴風雨、竜巻、台風などの極端な気象現象の増加による特に屋外（建設現場、農作業場など）での物理的リスクが増大
- 大気汚染や森林火災の増加による、呼吸器系疾患やアレルギーの悪化
- 温暖化による感染症の発生率増加（マラリア、デング熱、その他の蚊媒介性疾患の増加）
- 水不足が深刻化する地域で清潔な水の供給が困難となり、労働者の衛生環境が悪化
- 一部産業の縮小／拡大による労働者の新しい環境への適応機会が増加

　しかし、この追補改訂への過剰な対応は不要である。課題の決定時に考慮すればよく、その結果、OHSMSリスクが高い場合は採りあげればよいのである。

構築ステップ

▶ STEP 1　組織の目的を確認する

実施者：安全衛生委員会、OHSMS プロジェクトなど

「組織の目的」とは何かを再確認する。それは、企業理念、社是、ミッションともいえるもので、組織が到達すべき最終的なゴールを示すものである。

▶ STEP 2　OHSMS の意図した成果を明確にする

実施者：安全衛生委員会、OHSMS プロジェクトなど

OHSMS の「意図した成果」を明確にする。P28 に示したとおり、ISO 45001 において最低限含むことが求められる次の成果である。これに加えて、組織として OHSMS から求めたい成果があれば、それを決定する。

- OHS パフォーマンスの継続的改善
- 法令等要求事項を満たす（コンプライアンス）
- OHS 目標の達成

▶ STEP 3　外部と内部の課題を決定する

実施者：安全衛生委員会、OHSMS プロジェクトなど

「組織の目的」と「OHSMS の意図した成果」の達成に関連する、組織の外部と内部の課題を決定する。

組織の外部とは、適用範囲が全社であれば社外となる。適用範囲が事業所であれば、本社も外部となる。

「外部」と「内部」、そして「良いこと」も「悪いこと」も考慮する手法として、SWOT 分析は相性が良い。SWOT 分析を利用することも推奨される。

図表 3-11　SWOT 分析の構成

✚ヒント！

外部・内部の課題の事例は、附属書 A.4.1 に示されているが、多くの日本企業では次のような課題が考えられる。

外部の課題（例）

- ISO 45001 が発行され、OHSMS への関心が高まっている
- CSR 調達として、顧客の OHS に対する要求が高まっている
- 人口減により若年層の採用が難しくなっている
- 自社に関連する業界のマーケットが縮小し、経営が厳しくなることが予想される（OHSMS に費やす資源が減少する）
- 外国人労働者の受入が見込まれている
- インターネットや SNS の普及により企業にとって不都合な情報が流出しやすくなっている
- 女性、高齢者、障がい者の雇用促進が不可欠となっている
- 化学物質のリスクアセスメントやストレスチェックの義務化など、労働安全衛生法が強化されている
- 化学物質のリスク評価が進み、発がん性物質や変異原性物質が増えている
- 顧客の CSR 監査において、ISO 45001 の認証取得や OHS の運用基準の要求が厳しくなっている

内部の課題（例）

- 労使関係が良好である
- QMS、EMS など他のマネジメントシステムが成熟している
- 社員の高齢化が進み、技能の伝承が進んでいない
- バブル期に投資した設備やインフラストラクチャの老朽化が進んでいる
- ISO 14001 や ISO 9001 に基づくマネジメントシステムが形骸化している
- 近年は重大な労働災害が起きておらず、したがって社員の安全に対する意識が高まっていない
- 製造ラインの一部が請負化しているが、その管理が必ずしも十分ではない
- 海外のライバル企業の出現により年々利益率が低下している

本箇条では、文書化要求はない。しかし、**箇条9.3　マネジメントレビュー**のインプット項目に「OHSMS に関連する外部及び内部の課題の変化」があり、文書化した情報を持つことが求められている。ワークシート①が有用である。

－ 38 －

第3章 ● ISO 45001 の理解と OHSMS 構築

ABC 社の事例

ワークシート①

STEP 1　組織の目的の明確化：企業理念、社是、ミッションなど

電子部品を通じて社会と社員の幸せに貢献する。

STEP 2　意図した成果の確認：追加事項はあるか

a）OHS パフォーマンスの継続的改善

b）法的要求事項及びその他の要求事項を満たすこと

c）OHS 目標の達成

d）働きやすい職場の創出

e）

STEP 3　外部・内部の課題

課題	良い面	悪い面
内部	**強み** • 良好な労使関係 • QMS、EMS など他のマネジメントシステムの成熟	**弱み** • 社員の高齢化と技術の伝承不足 • バブル期に投資した設備の老朽化とメンテナンス予算の不足 • 非正規社員の増加
外部	**機会** • 取引先の厳しい CSR 監査要求（ロックアウト・タグアウトなど） • ISO 45001 の発行	**脅威** • 海外ライバル企業の出現による利益率の低下 • 少子化による新卒者の採用難

受審上のポイント

　審査員は、主として本箇条を「トップインタビュー」において確認する。トップインタビューとは、審査員が、審査の初期段階に経営層の考えを面談により聞き出すものである。トップマネジメントが、事業経営と関連して OHSMS の外部・内部の課題をどのように理解しているか、その課題を OHS 方針や OHSMS にどのように反映しているか、説明できるようにする。

　多くの審査員は、事前に組織の事業概要をホームページなどで把握し、「サステナビリティレポート」や「統合報告書」など関連する情報を確認して審査に臨む。経営層は、それらの記述と十分に整合した外部・内部の課題を自身の言葉として述べることが必要である。

－ 39 －

「4.2　働く人及びその他の利害関係者のニーズ及び期待の理解」

本箇条の狙い:

　本箇条の目的は、前箇条とともに組織がOHSMSを構築する前段階（見直す時）に組織の現状を適切に認識することである。組織で働く人とOHSMSに関連する利害関係者が、組織に対してどのようなニーズと期待を持っているか、そして、そのニーズと期待の中で組織が必ず守るべきこと（要求事項）は何かを決定する。

【ポイント解説】

利害関係者とは？:

　本箇条では、OHSMSに関して働く人や利害関係者とは誰かを決定する。利害関係者とは、図表3-12のような人々が考えられる。

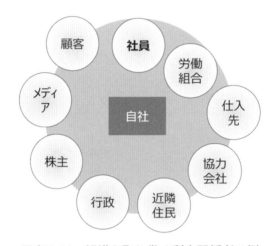

図表3-12　組織を取り巻く利害関係者の例

要求事項とは？:

　働く人や利害関係者は、組織に何を求めているのか、ニーズと期待を明確にする。明確にしたニーズと期待は、必ずしもすべてに強制力はなく、また約束できるものではない。その中で何がOHSMSにおいて組織が必ず守るべき「要求事項」となるかを決定する。

　組織がひとたび「要求事項」と決定した場合は、OHSMSにおいて必ず守らなければならない"約束事"となる。本箇条で決定した「要求事項」は、**箇条6.1.3　法的要求事項及びその他の要求事項の決定**に取り込まれることになる。

　なお、本書では、「法的要求事項及びその他の要求事項」を「法令等要求事項」と称す。

気候変動への配慮について:

　箇条4.1と同様に、本箇条においても「注記：関係する利害関係者は気候変動に関連する要求事項をもつことができる。」が追加されている。前述のとおり過剰な対応は不要である。

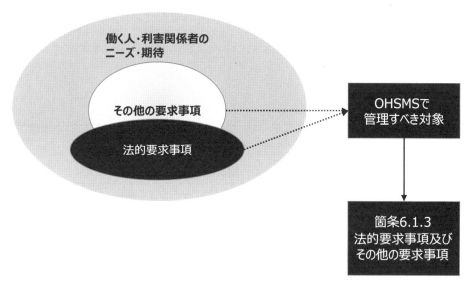

図表 3-13　箇条 4.2 と箇条 6.1.3 の関係

構築ステップ

▶ STEP 1　OHSMS に関連する働く人と利害関係者を決定する

実施者：安全衛生委員会／OHSMS プロジェクト

組織の OHSMS に影響を与える、または与える可能性のある「利害関係者」を決定する。

ISO 45001 固有の要求として、「働く人」（P 28 定義参照）は必ず対象となる。働く人は、正社員だけではないことに注意が必要である。また、労働組合がある場合は、労働組合も対象とする。

本箇条は、組織が必ず守るべきことを決めることが目的であるので、利害関係者として適用法令に関連する行政は必須となる。したがって、労働基準監督署、消防署はどのような組織にも不可欠となる。その他にも、高圧ガス保安法や放射線障害防止法など OHSMS に関連する適用法令がある場合は、その所轄官庁も対象とする。

顧客も関連する利害関係者として必須となる。

＋ヒント！

考えられる働く人と利害関係者を次に示す。

働く人（例）
- 社員、契約社員、パート社員、季節雇用社員、アルバイト
- 組織の構内で働く請負業者の社員

利害関係者（例）
- 労働組合や社員会
- 行政（労働基準監督署、消防署、県／市）
- 顧客、最終消費者

- 取引先（サプライヤー、構内に入場する請負業者、人材派遣会社）
- 親会社
- 株主、銀行
- 業界団体
- メディア
- NGO、市民団体

▶ STEP 2　働く人と利害関係者のニーズ・期待を決定する

実施者：安全衛生委員会、OHSMS プロジェクトなど

　STEP 1で決定した働く人や利害関係者が、組織の OHS に対してどのようなニーズや期待を持っているか決定する。

　働く人や労働組合のニーズ・期待は、安全衛生委員会で意見を聞くことのほかに、アンケート、個別聴取、目安箱も活用できる。

✚ヒント！

- 適用を受ける法令は、必ず反映する。ただし、「労働安全衛生法第○条」といった具体的な法令要求は、箇条6.1.3で決定するため、本箇条においては、「労働安全衛生法、消防法、高圧ガス保安法……の順守」といった表現で良い。
- 行政からの指導や勧告事項は、必ず利害関係者のニーズに加える。
- 近年は、顧客がサプライヤーに対してサステナビリティ／CSR 調達を強化している。そして、そのサステナビリティ／CSR 調達要求に OHS を対象として加えることが増えている。顧客から OHS に関する要求の有無を確認する。

▶ STEP 3　法令等要求事項を決定する

実施者：安全衛生委員会、OHSMS プロジェクトなど

　STEP 2で決定したニーズ・期待の中から、組織として OHSMS において必ず守るべき要求事項を決定する。

　まず、法令は、必ず守るべきものである。それは、**箇条6.1.3　法的要求事項及びその他の要求事項の決定**において「法的要求事項」となる。

　法令以外のニーズ・期待は、必ずしもすべてに強制力はなく、また約束できるものではない。その中で、組織として守ると約束するものを決定する。それは、箇条6.1.3において「その他の要求事項」となる。

第3章 ◉ ISO 45001 の理解と OHSMS 構築

ABC 社の事例

ワークシート②

働く人と利害関係者のニーズ・期待の事例

STEP 1		STEP 2	STEP 3
利害関係者		ニーズ・期待	該否
働く人	社員	休憩室の充実	○
	契約社員	—	
	派遣社員	—	
	構内請負者	—	
労働組合		2回／年の共同安全パトロールの実施	○
行政	労基署	労働安全衛生関連法令及び指針の順守	○
	消防署	消防法関連法令、火災予防条例の順守、立入査察指導事項の改善	○
顧客	A社	EHS 監査の受審と所見の是正処置	○
	B社	ISO 45001 の認証取得	○
親会社		—	
株主		—	
協力会社	請負会社C	月例協議会時の安全指導	○
	協力会社D	定期安全監査の緩和	—
	供給者E	フォークリフトの貸与	

受審上のポイント

　審査員は、箇条 4.1 と同様にトップインタビューを中心に本箇条を確認する。

　特に OHSMS 上、最も重要な利害関係者である社員が現状の OHSMS にどのような認識を持っているのか、行政や労働組合との懸案事項がないか、顧客から OHS に関する要求がないかを把握し、トップマネジメントが説明できるようにしておく。

「4.3　OHSMS の適用範囲の決定」

本箇条の狙い：

　箇条 4.1 で定めた外部・内部の課題、箇条 4.2 で定めた利害関係者のニーズ・期待を考慮して、OHSMS の適用範囲を決定する。適用範囲は、文書化した情報とする。

－ 43 －

【ポイント解説】
適用範囲決定の留意点は？：

　組織は、適用範囲の境界を自由に、かつ柔軟に決定することができる。しかし、それはリスクの高い職場や業務を意図的に除外するなど、利害関係者に誤解を与えるものであってはならない。適用範囲の決定においては、利害関係者の視点を考慮することが重要である。

OHSMS の単位は？：

　労働安全衛生法においては、労働安全衛生管理は事業所単位となるが、OHSMS では必ずしも事業所単位とする必要はない。法人単位、グループ単位でマネジメントシステムを構築する組織も多い。マネジメントシステムを、経営と一体化させ、企業としてガバナンス（統制）を図るための当然の流れといえる。

　複数の事業所を一つの OHSMS でマネジメントすることを「マルチサイト認証」という。ISO 14001 や OHSAS 18001 においても、導入初期は工場など単独のサイトで認証を取得することが一般的であった。しかし、近年では全社認証やグループ認証など、複数の事業所を束ねるマルチサイト認証が一般的になった。

　事業所内の一部を適用範囲外とするなど労働安全衛生法上の管理単位と異なる適用範囲を設定する場合は、明確な理由付けが必要である。

認証の適用範囲は？：

　OHSMS の適用範囲と ISO 45001 の認証の適用範囲は必ずしも一致させる必要はない。例えば、グループ全体を含めた OHSMS を構築する一方で、ISO 45001 の認証取得は製造工場を優先するなどのケースもあり得る。

構内請負者の扱いは？：

　適用範囲を定めるうえで注意が必要なのは、工場において多くのプロセスを請負会社に業務委託しているケースである。請負会社の取扱いについては次の二通りの手法がある。慎重に判断することが必要である。

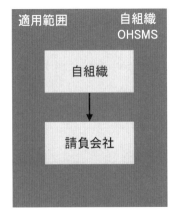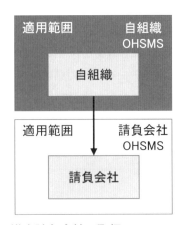

図表 3-14　OHSMS における構内請負会社の取扱い

第3章 ● ISO 45001 の理解と OHSMS 構築

・請負会社を組織の OHSMS の一部門として、組織の OHSMS 内でマネジメントするケース（認証書に請負会社の名称が併記される）
・請負会社が独自の OHSMS または労働安全衛生管理を構築・運用し、組織は調達先（箇条8.1.4）としてマネジメントするケース

適用範囲の文書化は？：

OHSMS の適用範囲は、文書化した情報とすることが求められている。それは、次の方法により文書化が可能となる。

・認証書に記載されるサイトの所在地及び活動を文言で示す
　　例：電子部品の開発及び製造、工作機械の販売、医薬品の製造
・平面図で示す（敷地内に適用除外のエリアがある場合は必須）
・組織図で示す（組織内に適用除外の部門がある場合は必須）

適用範囲は、利害関係者に適切に示す必要がある。例えばホームページや名刺に認証取得を表記する場合、組織の全てが適用範囲でない場合は、適用範囲を明記する必要がある。（例：本社および大阪工場）

構築ステップ

▶ STEP 1　OHSMS の対象サイト、部門及び活動を決定する

実施者：トップマネジメント、安全衛生委員会／ OHSMS プロジェクト

外部・内部の課題や利害関係者のニーズ・期待を考慮して OHSMS の適用範囲となる事業所（サイト）、部門、活動を決定する。

対象とする組織内に適用除外となる部門やエリアがある場合には、組織図や配置図に決定した適用範囲または適用除外範囲を記す。

✚ヒント！

すべての部門、すべての活動を OHSMS の適用範囲に含めることが原則である。しかし、OHS リスクや顧客から認証取得要求がある特定の製品を考慮して、部分的に適用範囲を決定することは支障ない。ただし、その理由は認証機関に明確に説明できることが必要である。

▶ STEP 2　ISO 45001 認証の対象サイト、部門、活動を決定する

実施者：トップマネジメント、安全衛生委員会／ OHSMS プロジェクト

外部・内部の課題や利害関係者のニーズ・期待を考慮して、OHSMS の適用範囲のうち、ISO 45001 認証の適用範囲とする事業所（サイト）、部門、活動を決定する。

対象とする組織内に適用除外となる部門やエリアがある場合には、組織図や配置図に決定した適用範囲または適用除外範囲を記す。

－ 45 －

＋ヒント！

OHSMS の適用範囲と ISO 45001 認証の適用範囲は、必ずしも一致させる必要はない。ただし、その理由は明確に認証機関に説明できることが必要となる。

OHS リスクの大きさや顧客の認証取得要求など、経営上の優先順位を考慮して認証の適用範囲を決定する。その後、認証の適用範囲の拡大審査により、順次、認証の適用範囲を拡大することも考慮すると良い。

▶ STEP 3　ISO 45001 認証スコープを決定し、文書化する

実施者：安全衛生委員会／OHSMS プロジェクト

認証スコープを決定する。本書では、最終的に ISO 45001 の認証書に記載される適用範囲を認証スコープという。認証スコープは、○○○の△△△で表現される。

- ○○○：製品、サービスの対象は何か

  固有名詞ではなく汎用的な名称を用いる

  例：産業機械、業務用ソフトウェア、土木構造物、上水道工事
- △△△：活動は、次のどの活動に該当するか（複数の組み合わせ可）

  設計、設計開発、研究開発、製造、販売（商社機能がある場合のみ）、卸し販売、施工、処理（中間処理、最終処分、リサイクル）、売買、管理業務、保守サービスなどの何に該当するか

認証スコープは、組織全体とサイトごとのスコープが必要となる。サイトごとのスコープを決定し、組織全体として総括する。

スコープは、ISO 45001 の認証書に記載されるが、最終的には認証機関との合意により決定される。

＋ヒント！

公益財団法人日本適合性認定協会（JAB）は、マネジメントシステム認証組織を公開しており、次の URL で認証スコープの事例を閲覧することができる。（JAB 認定の認証が対象）

https://www.jab.or.jp/iso/

ABC 社の事例

「OHSMS マニュアル」1.2　適用範囲　参照（P 191）

受審上のポイント

審査員は、「利害関係者に誤解を与えない」という観点から、認証の適用範囲やその表現に対しては厳格に対処する。特に適用を除外する部門がある場合は、その妥当性を説明できるようにしておく。

第3章 ● ISO 45001 の理解と OHSMS 構築

また、名刺などの印刷物やホームページに ISO 45001 の認証取得を掲載する場合、適用範囲が適切に示されているかを確認する。

「4.4　OHSMS」

本箇条の狙い：

ISO 45001 の要求事項に従って、必要なプロセスとそれらの相互作用を含む OHSMS を構築、運用する。（本箇条は、附属書 SL の共通テキストのとおりで、ISO 45001 独自の要求はない。）

【ポイント解説】

OHSMS のプロセスの対象は？：

本箇条は、OHSMS 全体を包括している。「必要なプロセス」の対象は、ISO 45001 の箇条 4.1 から箇条 10.3 の全要求事項である。つまり、プロセスは全要求事項に求められている。

全要求事項のプロセスと相互作用を確立するには、結果的に「マニュアル」のような OHSMS の全体像が把握できるものを作成した方がわかりやすいことになるであろう。

「確立し、実施し、維持し、継続的に改善する」とは？：

OHSMS は、システムを構築し、運用するだけでは十分ではない。「維持」（maintain）つまり、変化に対応しメンテナンスすること、そして「継続的改善」ではシステムとパフォーマンスの両面が同じレベルにとどまることなく常に改善することが必要となる。

構築ステップ

▶ STEP 1　OHSMS 構築プロジェクト（委員会）を発足する

実施者：安全衛生委員会

ISO 45001 に基づく OHSMS を構築し、認証取得することを決めたら、そのための OHSMS プロジェクト（委員会、小委員会、特命チームなどを含む。本書では「プロジェクト」という）を発足する。プロジェクト責任者（委員長など、プロジェクトの責任者を指す）は、トップマネジメントから OHS 管理責任者に任命される予定の、組織を統括する権限を有する人が適任である。

事務局は、安全衛生スタッフが中心になる。メンバーは、各部門から代表者を選出し、OHSMS の構築プロセスに多くの人々が関与することが望ましい。また、必要に応じて EMS や QMS の事務局を加えることも有効である。

OHSMS プロジェクトは、可能な限り労働安全衛生法上の安全衛生委員会と乖離や相反しないよう連携に配慮することが必要である。

＋ヒント！

マルチサイト認証（P 44 参照）の場合、事務局は本社スタッフとなることが多い。この場合、各事業所（特に工場）の安全衛生スタッフを事務局やプロジェクトのメンバーにするなど、

– 47 –

OHSMS の構築段階から各事業所の同意を得られる体制とすることが推奨される。

▶ STEP 2　OHSMS の構築・運用のスケジュールを決定する

実施者：OHSMS プロジェクト／事務局

　OHSMS プロジェクト（委員会）発足、構築開始〜完了、運用（内部監査、マネジメントレビューを含む）、認証審査（第一段階、第二段階）のスケジュールを立案し、社内の合意を得る。通常は、1 年以内とすることが良いであろう。長すぎると中弛みが生じてしまうからである。（第 5 章参照）

▶ STEP 3　OHSMS を構築する

実施者：OHSMS プロジェクト

　ISO 45001 では必須の要求ではないが、ISO 45001 の要求をどのように満たすかを定めた、OHSMS マニュアルを作成する。（A 社の事例を第 6 章に示す。）

✛ヒント！

　OHSMS マニュアルにおいて過剰な文書類を作成することは ISO の本意ではない。ISO 45001 の前身の OHSAS 18001 においては、次のとおり最小限とすることが記述されていた。

OHSAS 18001：2007
4.4.4 文書類
参考　文書類は、関係する複雑さ、危険源及びリスクのレベルに釣り合ったもので、また有効性及び効率性のために必要最小限にとどめることが重要である。

　OHSMS の文書化において重要な点は、5 W 1 H を明確に定めることである。OHSMS マニュアル、規程、規定、手順書において、「誰が」、「いつ」、「何をインプットして」、「何をアウトプットするか」が不明なケースは少なくない。プロセスが求められていることを忘れてはならない。特に、主語「誰が」が不明瞭なケースは、ISO の他規格の審査においても散見され、注意が必要である。

ABC 社の事例

「OHSMS マニュアル」（第 6 章）参照

労働安全衛生法との関連

　厚生労働省は、平成 10 年からの第 9 次「労働災害防止計画」（国が重点的に取り組む労働災害低減の施策を厚生労働大臣が 5 年ごとに策定するもの）から、労働安全衛生マネジメントシステム（厚生労働省は「OSHMS」と呼んでいる）の導入を推奨している。

　平成 11 年には、労働安全衛生規則に次の条文を追加し、ILO（国際労働機関）が策定した

OSHMS ガイドラインに準拠した「労働安全衛生マネジメントシステムに関する指針」（平成 11 年労働省告示第 53 号：改正令和元年厚生労働省告示第 54 号）を発行している。

労働安全衛生規則第 24 条の 2　厚生労働大臣は、事業場における安全衛生の水準の向上を図ることを目的として事業者が一連の過程を定めて行う次に掲げる自主的活動を促進するため必要な指針を公表することができる。
　　一　安全衛生に関する方針の表明
　　二　法第 28 条の 2 第 1 項又は第 57 条の 3 第 1 項及び第 2 項の危険性又は有害性等の調査及びその結果に基づき講ずる措置
　　三　安全衛生に関する目標の設定
　　四　安全衛生に関する計画の作成、実施、評価及び改善

　これを促進するものとして、労働安全衛生法第 88 条（計画の届出等）では、ただし書きにおいて計画届免除認定制度を定めている。これは OSHMS が有効であると労働基準監督署長が認定した事業者は同法第 88 条に基づく計画届を提出しなくて良いというものである。しかし、この認定は審査が厳しすぎるため、ほとんど運用されていないのが実態である。
　なお、現状では残念ながら、ISO 45001 の認証を取得することだけで労働基準監督署長から認定されることはない。

（計画の届出等）
労働安全衛生法第 88 条　事業者は、機械等で、危険若しくは有害な作業を必要とするもの、危険な場所において使用するもの又は危険若しくは健康障害を防止するため使用するもののうち、厚生労働省令で定めるものを設置し、若しくは移転し、又はこれらの主要構造部分を変更しようとするときは、その計画を当該工事の開始の日の 30 日前までに、厚生労働省令で定めるところにより、労働基準監督署長に届け出なければならない。ただし、第 28 条の 2 第 1 項に規定する措置（筆者注：リスクアセスメントのこと）その他の厚生労働省令で定める措置を講じているものとして、厚生労働省令で定めるところにより労働基準監督署長が認定した事業者については、この限りでない。

　なお、総括安全衛生管理者が統括管理する業務は、労働安全衛生規則で次のとおり定められ、方針の表明、リスクアセスメント、安全衛生に関する計画の作成、実施、評価及び改善と、OHSMS の要素が含まれている。

（総括安全衛生管理者が統括管理する業務）
　労働安全衛生規則第 3 条の 2　法第 10 条第 1 項第 5 号の厚生労働省令で定める業務は、次のとおりとする。
　　一　安全衛生に関する方針の表明に関すること。

二 法第 28 条の 2 第 1 項又は第 57 条の 3 第 1 項及び第 2 項の危険性又は有害性等の調査
及びその結果に基づき講ずる措置に関すること。
三 安全衛生に関する計画の作成、実施、評価及び改善に関すること。

受審上のポイント

　本箇条は、OHSMS 全体の構築、運用を指している。ISO 45001 では要求はないものの、多く
の組織は OHSMS マニュアルを作成している。認証機関によっては、事前に OHSMS マニュア
ルの提出を求め、ISO 45001 への適合を確認している。過剰な文書は不要であるが、OHSMS 全
体を俯瞰できる文書があると、働く人の理解を高めることができる。

　経営層や管理者層は OHSMS マニュアルの読み合わせを行い、OHSMS の全体像を把握してお
く。

(4)「5 リーダーシップ及び働く人の参加」

【解説】
　箇条5は、主としてトップマネジメントや経営層に対する要求となる。**図表3-15**のとおりトップマネジメントや経営層はOHSMSの推進力となる必要がある。
　また、他のISO MSSと異なり、ISO 45001固有の要求として、附属書SLにはない**箇条5.4 働く人の協議及び参加**がある。いわゆる"労使一体"となったOHSMSへの取組みが必要となる。

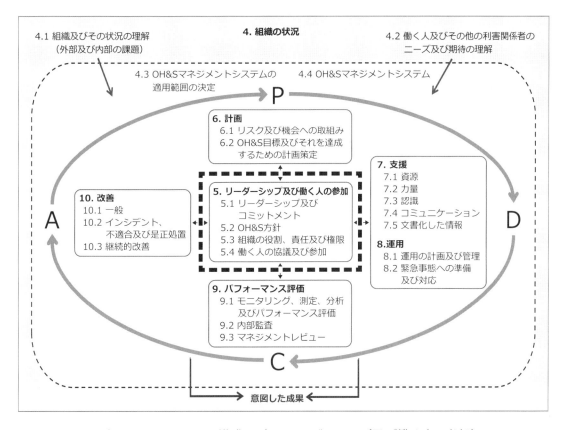

図表3-15　ISO 45001構成図（5. リーダーシップ及び働く人の参加）

「5.1　リーダーシップ及びコミットメント」

本箇条の狙い：
　トップマネジメントがリーダーシップとコミットメントを実証（demonstrate）する。トップマネジメントは、負傷・疾病の防止と安全で健康的な職場の提供に責任を持ち、OHS方針を確立し、必要な経営資源が利用できるようにする。OHSMSの重要性を伝達し、人々を指揮・支援し、管理層の役割を支援し、安全文化を醸成する。

【ポイント解説】

トップマネジメントの役割は？：

　序文0.3成功のための要因には、「OHSMSの成功は、リーダーシップ、コミットメント、及び、組織の全ての階層及び部門からの参加のいかんにかかっている」と記されている。附属書A.5.1にも「OHSMSが成功するためには、トップマネジメントの認識、対応、積極的なサポート及びフィードバックを含めたリーダーシップとコミットメントが不可欠である」と記されている。

　労働安全衛生法では、事業者や総括安全衛生管理者の責務を定めているが、その責務と概ね一致すると考えて良いであろう。

安全文化とは？：

　箇条5.1の中で、「OHSMSの意図した成果を支援する**文化**を組織内で形成し、主導し、かつ、推進する」は、特に重要だと考えて欲しい要求である。

　安全文化については第1章でも詳述しているとおり、労働安全衛生管理やOHSMSの基礎となるものである。安全文化とは、トップマネジメントの安全に対する考え方そのものと言っても過言ではない。

構築ステップ

▶ STEP 1　トップマネジメントや経営層に説明する

実施者：OHSMSプロジェクト／事務局

　トップマネジメントや経営層にISO 45001の概要と安全文化の重要性を伝え、そのためにはトップマネジメントのリーダーシップとコミットメントが不可欠であることを説明する。そして、その実践を依頼する。

▶ STEP 2　トップマネジメントの役割を明確にする

実施者：OHSMSプロジェクト／事務局

OHSMSマニュアルにトップマネジメントの役割を記述することにより、関係者に伝達する。

▶ STEP 3　トップマネジメントがリーダーシップを発揮する

実施者：トップマネジメント

　トップマネジメントは、OHSMS構築当初において、OHSMSを構築し認証取得を目指す意義をすべての働く人に明確に伝える。

　さらに、日々の指示やスピーチにおけるOHSへの言及、OHS関連予算の承認、安全パトロールの実施などリーダーシップとコミットメントの強さを働く人々にわかりやすく伝達する。

第3章 ● ISO 45001 の理解と OHSMS 構築

ABC 社の事例

社長は、新年、新年度、全国安全週間、全国労働衛生週間の際および労働災害が発生した後に、労働安全衛生の重要性を説くスピーチをしている。

また、すべての会議や朝礼などの会合時には、安全の話から始めることを義務付けている。

全社の KPI（Key Performance Indicator：重要業績評価指標）の一つに労働災害発生件数を加え、社長が部門長を査定する項目に労働災害発生件数と OHS 監査の成績を含めている。そのうえで、社長は、それらの評価を活用し、優秀な部門を表彰している。

労働安全衛生法との関連

（事業者等の責務）
労働安全衛生法第 3 条　事業者は、単にこの法律で定める労働災害の防止のための最低基準を守るだけでなく、快適な職場環境の実現と労働条件の改善を通じて職場における労働者の安全と健康を確保するようにしなければならない。また、事業者は、国が実施する労働災害の防止に関する施策に協力するようにしなければならない。

（総括安全衛生管理者）
労働安全衛生法第 10 条　事業者は、政令で定める規模の事業場ごとに、厚生労働省令で定めるところにより、総括安全衛生管理者を選任し、その者に安全管理者、衛生管理者又は第 25 条の 2 第 2 項の規定により技術的事項を管理する者の指揮をさせるとともに、次の業務を統括管理させなければならない。
　一　労働者の危険又は健康障害を防止するための措置に関すること。
　二　労働者の安全又は衛生のための教育の実施に関すること。
　三　健康診断の実施その他健康の保持増進のための措置に関すること。
　四　労働災害の原因の調査及び再発防止対策に関すること。
　五　前各号に掲げるもののほか、労働災害を防止するため必要な業務で、厚生労働省令で定めるもの

受審上のポイント

審査員は、主として本箇条をトップインタビューにて確認する。OHSMS の目指すべき方向性と現状認識、そのギャップに対する取組みや関与の状況をヒヤリングする。

また、経営層のリーダーシップとコミットメントの実証の一つとして、総括安全衛生管理者の安全衛生委員会の出席率を確認することもある。

トップマネジメントは、事業における OHS の位置づけと、労働災害防止と快適な職場環境作りのために、どのようにリーダーシップを発揮し、コミットメントを実証しているか説明できる

- 53 -

ようにしておく。また、経営資源投入の具体例を説明できるよう準備しておく。

「5.2　OHS 方針」

本箇条の狙い：

　トップマネジメントは、5つのコミットメントを含む OHS 方針を策定し、働く人に伝達する。

【ポイント解説】

OHS 方針は誰のためのものか？：

　OHS 方針は、社員に対してのみ発信しているものではない。トップマネジメントの OHS に対するコミットメントを、働く人と広く社会（利害関係者）に向けて誓約するものである。トップマネジメントが自身のコミットメントを利害関係者に向けてわかりやすく伝える努力を払う必要がある。

「コミットメントを含む」とは？：

　本箇条では、「○○○へのコミットメントを含む」という要求事項が存在する。その意味は、○○○に類する文言が OHS 方針の中に記述されている（含まれている）ことが必要となる。

　コミットメントとは、「約束」や「誓約」の意味であるが、「必達目標」としてこの言葉を使う経営者もおり、強い意志が込められるものである。

　ISO 45001 では、OHS 方針に次の5つのコミットメントを含めることが求められている。

　・負傷・疾病を防止するために安全で健康的な労働条件を提供する

　・法令等要求事項を満たす（コンプライアンス）

　・危険源を除去し、OHS リスクを低減する

　・OHSMS を継続的に改善する

　・働く人（働く人の代表）と協議し、OHSMS に参加させる

　トップマネジメントが利害関係者（社会）に向けてコミットメント（誓約）する重みを組織のすべての働く人が認識しなければならない。

「OHS 目標の設定のための枠組みを示す」とは？：

　「OHS 目標の設定のための枠組みを示す」とは、箇条 6.2 において、OHS 目標を設定しやすいような方向性を示すことを意図している。例えば、OHS 方針の記述が「社員に優しい会社を目指す」だけでは OHS 目標の設定に繋がりにくいが、OHS 方針に「特にメンタルヘルスに注力する」と記述されていれば、メンタルヘルスに関連する OHS 目標が最優先で設定されることになる。

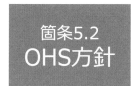

図表 3-16　OHS 方針と OHS 目標の関係

構築ステップ

▶ STEP 1　OHS 方針（案）を作成する

実施者：OHSMS プロジェクト／事務局

　OHS 方針を策定するのはトップマネジメントの責務である。しかし、本箇条の要求を網羅するために、トップマネジメントが OHS 方針をゼロから作成することは困難なケースも多い。その場合、OHSMS プロジェクトは、規格要求を十分に考慮して「OHS 方針（案）」を作成する。その段階で、前述の 5 つのコミットメントを充足しておく。

▶ STEP 2　OHS 方針を決定する

実施者：トップマネジメント

　トップマネジメントは、STEP 1 の「OHS 方針（案）」を参照し、「OHS 方針」を決定する。可能な限り自らの言葉で、社員に向けて語り掛ける OHS 方針とする。

✚ ヒント！

　OHS 方針は、規格要求事項を満たすことが必要であるが、それ以上にトップマネジメントの社員への安全や健康に対する思いを伝えることが重要である。組織の方向性と乖離しないために、日頃からトップマネジメントが安全に関して語っている言葉や、社是や経営理念などで OHSMS に関連するキーワードがあれば、それらを抽出して OHS 方針内で使用すると良い。
　箇条 4.1 の外部・内部の課題、箇条 4.2 の利害関係者のニーズ・期待を考慮することも不可欠である。

▶ STEP 3　OHS 方針を伝達する

実施者：事務局

　トップマネジメントにより承認された OHS 方針を組織内に伝達する。トップマネジメントからの宣言、掲示、イントラネットへの掲載、定期的な唱和などにより伝達する。特に 5 つのコミットメントと OHS 方針を受けて、働く人一人ひとりが自ら仕事の中で、どのように活かすのかを理解させる。

▶ STEP 4　OHS 方針を利害関係者へ開示する

実施者：事務局

　OHS 方針を、利害関係者が入手できるようにする。それは、OHS 方針をホームページに掲載すること、または要求されたらコピーを渡すことで達成できる。

ABC 社の事例

ABC株式会社
OUR SAFETY POLICY
＜私達の労働安全衛生方針＞

私達は、ABC株式会社で働く人々の安全と健康が当社の最優先課題であり、
当社に関わる全ての人々の仕事であると宣言します。

労働災害（負傷及び疾病）を予防するために、
私達は次の事項に最善を尽くします。

- 安全で快適な職場環境を提供します。
- 危険源の除去とOHSリスク低減に全社員が常に注力します。
- 法令およびお約束事項を全社員が順守します。
- 優先課題として、次の事項に取り組みます；
  - 化学物質の管理強化
  - 働きやすさの改善（人間工学、休憩室）
- OHSMSを、継続的に改善します。

2024年3月12日
ABC株式会社
代表取締役社長
安全　太郎

第3章 ● ISO 45001 の理解と OHSMS 構築

受審上のポイント

　審査員は、審査の文書レビューで OHS 方針に 5 つのコミットメントが含まれているかを確認する。また、トップインタビューにてトップマネジメントがどのような考えで OHS 方針を策定したかをヒヤリングする。

　トップマネジメントは、OHS 方針の意図や 5 つのコミットメントが OHS 方針のどの記述に該当するのかを理解しておく。

　また、OHS 方針の伝達は、審査員が社員や必要に応じて構内の請負者にインタビューすることにより確認する。ISO 14001:2015 の附属書 A.7.3 では、「方針の伝達は、カードを携行することが目的ではない」とも記されており、社員一人ひとりが、OHS 方針を咀嚼して自らの役割や責任を適切に認識していることを説明できるようにしておく。（箇条 7.3 参照）

「5.3　組織の役割、責任及び権限」

本箇条の狙い：

　トップマネジメントは、OHSMS に関連する役割、責任・権限を割り当て、組織内に伝達する。働く人は割り当てられた役割、責任・権限に従って業務を行う責任を負う。

　また、トップマネジメントは、OHSMS の責任者である「OHS 管理責任者」を任命する。

【ポイント解説】

役割、責任・権限の重要性は？：

　欧米では、職務記述書（Job description）などにより、労働安全衛生を含む各自の役割、責任・権限が明確に定められている。しかし、日本の文化として、役割、責任・権限の文書化は他国ほどの重要性はないであろう。

　OHSMS マニュアルをはじめとする OHSMS 関連文書類において、「誰が」するのか、主語を明確にする必要がある。

トップマネジメントは OHSMS の機能に対して説明責任（Accountable）をもつとは？：

　責任には、「Responsibility」と「Accountability」がある。その相違は、「Responsibility」が、「これから起こる事項や決定（未来）に対する責任」に対して、「Accountability」は、「すでに起きた決定や行為の結果（過去）に対する責任」である。「果たすべき責任」と「取るべき責任」の相違ともいえる。

　悪い結果が生じても誰も責任（Accountability）を取らないのは日本の文化ともいえる。しかし重篤な労働災害が発生しても誰も責任を取らないのはまずいので、ISO 45001 では、トップマネジメントが責任（Accountability）をもつことを注記で示している。

OHS 管理責任者は？：

　附属書 SL の共通テキストからは、「管理責任者」という用語はなくなった。しかし、次の責任・

－ 57 －

権限は引き続き求められている。

- ・OHSMS がこの規格の要求事項に適合することを確実にする
- ・OHSMS のパフォーマンスをトップマネジメントに報告する

固定的役職の想起を避けるために「管理責任者」の用語を避けたものであるが、現実的には従来どおり特定の責任者がその責任・権限を担うことが望ましいと考えられる。

なお、本書では「OHS 管理責任者」を使用する。

構築ステップ

▶ STEP 1　OHS 管理責任者を選任する

実施者：トップマネジメント

トップマネジメントは、OHSMS の構築及び認証取得を決定した時点で OHS 管理責任者を指名する。OHS 管理責任者は、OHSMS 全体の責任者となる。OHSMS の構築及び認証取得を使命とする OHSMS プロジェクトの責任者と兼務することが望ましい。

＋ヒント！

マルチサイトの OHSMS においては、全体の OHS 管理責任者と事業所ごとのサイト OHS 管理責任者を置くことでも良い。労働安全衛生法では、事業所単位で労働安全衛生管理が求められているので、事業所単位で責任を果たすことが必要だからである。

▶ STEP 2　OHSMS の役割、責任及び権限を割り当てる

実施者：OHS 管理責任者／OHSMS プロジェクト

OHS 管理責任者／OHSMS プロジェクトは、OHSMS マニュアル及び関連文書にて、OHSMS に関連する役割、責任・権限を割り当て、文書化し、伝達する。

その際には、労働安全衛生法で求められる総括安全衛生管理者、安全管理者、衛生管理者、安全衛生推進者、産業医、化学物質管理者、保護具着用管理責任者、作業主任者なども含める。

＋ヒント！

役割、責任・権限は、OHSMS マニュアル、規定、手順書などで規定するが、注意すべきは、主語がない文書が散見されることである。例えば、主語が「組織」と ISO の要求をそのまま使っている組織も少なくない。これでは誰が対応するのか明確ではない。

＋ヒント！

「安全衛生管理規程」を定めている事業所も多い。多くの場合、それは「就業規則」に定められているものである。したがって、重要な位置付けとなり、OHSMS とも適切に関連付ける必要がある。

なお、次に「安全衛生管理規程」における役割の記載事例を示す。（茨城労働局のサイトが提供する安全衛生管理規程例より一部を引用）

（ライン管理者・課長）

第○条　課長は、総括安全衛生管理者業務を補佐し、職制及び安全衛生担当者などを掌握指揮し、担当部門全体の安全衛生に関する次の事項を総括実施する。

⑴　課内安全衛生管理実施計画の決定・推進

⑵　作業標準類、課・係内規定等の制定

⑶　施設・機器などの設置時及び新材料導入時の安全衛生面の検討

⑷　設備・機器及び職場環境の改善・整備

⑸　安全衛生関係法令及び社内諸規定などの順守指導と確認

⑹　課内の安全衛生点検の実施

⑺　課内の安全衛生懇談会の実施

⑻　災害の原因調査及び再発防止対策の推進

⑼　特定技能者の選任及び指名

⑽　安全衛生教育訓練の実施

⑾　その他、課・係内の安全衛生管理推進に関する事項

（ライン監督者・係長・主任・班長）

第○条　係長・主任・班長はそれぞれの上位者の安全衛生面の業務の補佐をして、次の事項を推進・実施する。

⑴　安全衛生関係法令及び社内諸規定などの順守指導と確認

⑵　設備・機器及び職場環境の安全衛生面の点検・改善

⑶　作業主任者などに対する安全指導

⑷　現場における一般従業員の安全の徹底

⑸　災害の原因調査及び再発防止対策の進言

⑹　安全衛生に関する資料の作成・収集及び重要事項などの記録

⑺　その他、課・係内の安全衛生管理推進に関する事項

（一般従業員）

第○条　一般従業員は次に定める事項を順守し、積極的に安全衛生に協力しなければならない。

⑴　安全衛生関係法令、社内諸規定などの順守

⑵　始業に当り、設備・機器及び職場環境などに関する定められた安全衛生点検の実施

⑶　安全教育訓練及び安全懇談会などへの参加

⑷　安全衛生面の改善提案の提出

⑸　安全相互注意運動その他職場が実施する安全衛生管理推進活動に対する積極的な参加・協力

ABC 社の事例

OHSMS マニュアルおよび「個人用保護具（PPE）選定管理手順書」で役割・責任を明確にした事例参照（P 209）。

労働安全衛生法との関連

労働安全衛生法の多くの条文は、その主語が「事業者」となっている。一方で、主語が「労働者」となっている条文は多くない。例えば、作業主任者についても、「事業者は、（中略）作業主任者を選任し、その者に当該作業に従事する労働者の指揮その他の厚生労働省令で定める事項を行わせなければならない。」（労働安全衛生法第14条）と規定されており、主語は事業者である。したがって、作業主任者の職務不履行により労働災害が発生しても、労働安全衛生法上では、作業主任者に職務を行わせなかった事業者の責任が追及される。

法定管理者の役割・責任にも注意が必要である。多くの組織において、作業主任者選任の違反が検出される。たとえば、ボイラー取扱作業主任者、第一種圧力容器取扱作業主任者、乾燥設備作業主任者以外の作業主任者は、直（シフト）毎に選任しなければならない。しかし、直毎に選任されていない例が散見される。

加えて、作業主任者は、例として「保護具の着用状況の監視」など職務を果たすことが義務付けられている。名前が記されているのみで職務を果たしていない"名ばかり作業主任者"とならぬよう注意が必要となる。

また、安全管理者や衛生管理者には巡視が義務付けられている。法定巡視を適切に実施していないケースも散見される。

受審上のポイント

第一段階審査は、主としてOHS管理責任者や事務局が対応する。OHSMSマニュアルにおいて、適切に役割、責任、権限が定められていることを説明できるようにする。

また、審査員は、サイトツアーを含む審査において、管理監督者、法定管理者、その他働く人々が適切にそれぞれの役割、責任を果たしているかを確認する。その上で問題点が検出されれば、関連する手順書類を確認する。手順書類に適切に役割、責任が記されていることを確認する。

例えば、個人用保護具の管理が不適切な場合であれば、誰が選定するのか、誰が着用状況を監視するのかなどを確認する。

「5.4 働く人の協議及び参加」

本箇条の狙い：

働く人の協議と参加のプロセスを構築、運用する。

【ポイント解説】

「協議」、「参加」とは？：

本箇条は、附属書SLや他のMSSにはないISO 45001固有の箇条であり、OHSMSには不可欠な要求である。

「協議」と「参加」の定義は、**箇条3　用語及び定義**で次のとおり示されている。

第3章 ● ISO 45001 の理解と OHSMS 構築

　　協議（Consultation）：意思決定をする前に意見を求めること
　　参加（Participation）：意思決定への関与
　Consultation の日本語訳「協議」は、誤解を生じやすい。「相談」程度と考える方が無難である。

「協議」、「参加」は対応が異なるのか？：

　本箇条では、「協議」事項はd）で、「参加」事項はe）で定められており、「協議」（相談）すべき事項と「参加」すべき事項を混同しないように留意する。

　例えば、OHS 方針の確立に際しては、「協議」（相談）が求められており、非管理職に意見を求めることは必要であるが、決定に関与することは必要としない。

　一方、リスクアセスメントや労働災害の原因究明（インシデント調査）には「参加」が必要となる。

構築ステップ

▶ STEP 1　OHSMS 構築に際して働く人に相談する

実施者：OHS 管理責任者

　OHSMS の構築に際して、安全衛生委員会で委員（特に労働者代表）の意見を聴取する。

＋ヒント！

　日本においては、労働安全衛生法で一定規模以上の事業所には安全委員会および／または衛生委員会（以下、安全衛生委員会と称す）の設置が義務付けられている。その委員の半数は社員側が占めることが求められており、本箇条への対応は容易である。

　安全衛生委員会は、"調査審議させ、事業者に対し意見を述べさせるため"開催が求められているものであり、「協議」の定義と一致するものである。

　労働安全衛生法上は安全衛生委員会を設ける必要がない組織もあるが、箇条5.1 にてトップマネジメントは衛生と安全の委員会の設置を支援することが求められており、安全衛生委員会と同様の機能が必要となる。

▶ STEP 2　OHSMS の構築・運用に働く人を参加させる

実施者：OHSMS プロジェクト／各部門／事務局

　危険源の特定、OHS リスク評価、リスク低減処置への働く人の参加を促す（箇条6 参照）。また、労働災害などインシデントの調査及び再発防止対策の決定は、労働安全衛生法に従って安全衛生委員会においても実施し、非管理職が参加する。

ABC 社の事例

　安全衛生委員会に関して、従業員代表には、労働安全衛生法における安全衛生委員会の趣旨を説明し、代表としての自覚を促している。

また、無記名の安全文化のアンケート調査（セーフティーカルチャーサーベイ）を定期的に実施している。アンケートの中で自由意見も受け付け、OHSMS に反映している。

労働安全衛生法との関連

労働安全衛生法では、次のとおり安全衛生委員会を設けることを定めている。

（安全委員会）
労働安全衛生法第 17 条　事業者は、政令で定める業種及び規模の事業場ごとに、次の事項を調査審議させ、事業者に対し意見を述べさせるため、安全委員会を設けなければならない。（以下略）
（衛生委員会）
労働安全衛生法第 18 条　事業者は、政令で定める規模の事業場ごとに、次の事項を調査審議させ、事業者に対し意見を述べさせるため、衛生委員会を設けなければならない。（以下略）

労働安全衛生規則第 21 条及び第 22 条では、安全衛生委員会の付議事項を定めている。二つの条文の内容を纏めると次のとおりとなる。これらに対して働く人の協議が必要とされていると解される。

一　安全／衛生に関する規程の作成
二　リスクアセスメント及びその結果に基づき講ずる措置
三　安全衛生に関する計画の作成、実施、評価及び改善
四　安全／衛生教育の実施計画の作成
五　労働基準監督署長などから文書により命令、指示、勧告又は指導を受けた事項のうち、労働者の危険の防止／健康障害の防止

受審上のポイント

審査員は、安全衛生委員会の議事録やサイトツアー時の社員へのインタビューを通して働く人の協議及び参加の状況を確認する。また、リスクアセスメント、インシデント調査に非管理職が参加していることを記録から確認する。

安全衛生委員会において、利害関係者のニーズ・期待の決定、OHS 方針、OHS 目標などを協議し、それらが議事録で確認できるようにする。

また、リスクアセスメント、リスク管理策の決定、インシデント調査には働く人を関与させ、それらの参加者を記録しておく。

(5) 「6 計画」

【解説】

箇条6はPDCAのPlan（計画）である。ISO 45001において、最も難しく構築にも時間のかかる箇条となる。特にリスク及び機会を正しく理解し、決定すること、適用すべき法令を漏れなく特定することが重要である。

また、OHS目標を設定し、その達成の計画を策定することも本箇条に含まれている。

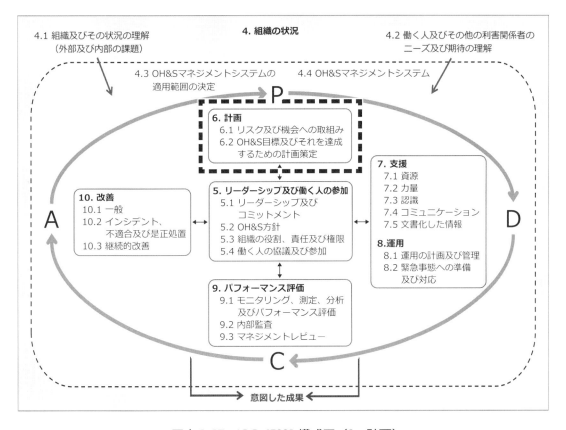

図表3-17　ISO 45001 構成図（6. 計画）

箇条6および関連する箇条を俯瞰すると、**図表3-18**で示すことができる。

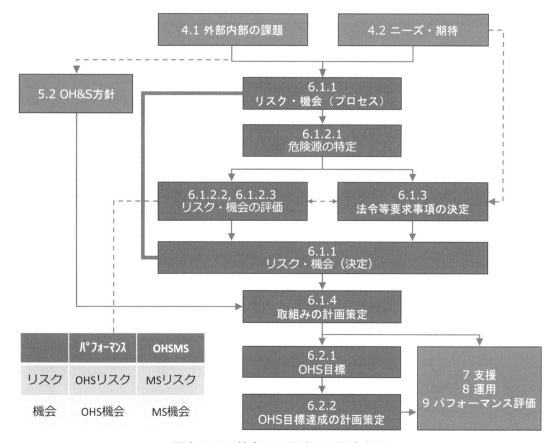

図表3-18　箇条6と関連する要求事項

「6.1　リスク及び機会への取組み」

【ポイント解説】

　第2章および本章「用語と定義」で記した通り、"リスク・機会"は附属書SLで定められている概念である。結果として、ISO 45001では、「OHSリスク」、「OHSMSに対するその他のリスク」（本書では「OHSMSリスク」）、「OHS機会」、「OHSMSに対するその他の機会」（本書では「OHSMS機会」）を用いて関連付けることとした。以下に4つのリスク・機会を解説する。

(1)　OHSリスク

　「OHSリスク」は、**箇条3　用語及び定義**で次のとおり定義されている。

3.21　OHSリスク
労働に関係する危険な事象又はばく露の起こりやすさと、その事象又はばく露によって生じ得る負傷及び/又は疾病の重大性との組合せ

　労働安全衛生において従来から扱ってきたリスクである。

⑵　OHSMS リスク

「OHSMS リスク」とは、⑴の危険源に関するものではないマネジメントシステム上のリスクである。OHSMS の確立、実施、運用、維持に関連するリスク（不確実性による期待からの逸脱）を指す。附属書 A.6.1.1 では、「OHSMS リスク」の具体例は示されていない。意図した成果の達成を阻害する要因を考えると良い。

⑶　OHS 機会（好機）

「OHS 機会」は、**箇条 3　用語及び定義**で次のとおり定義されている。

3.22　OHS 機会
OHS パフォーマンスの向上につながり得る状況又は一連の状況

附属書 A.6.1.1 では、「OHS 機会」として次のようなものが例示されている：
- 職務の検査、監査
- JHA：Job Hazard Analysis ／ JSA：Job Safety Analysis
  一般的なリスクアセスメントのこと
  ①　業務を小さなタスクに分割
  ②　各タスクに関連付けられている危険源を識別
  ③　危険源のランク分け
  ④　リスク管理策の計画と実施
- 単調労働、過重労働の緩和
- 危険作業許可制度（高所、酸欠、火気使用など許可制度）
- インシデント、不適合の調査と是正処置
- 人間工学的改善

⑷　OHSMS 機会（好機）

附属書 A.6.1.1 では、「OHSMS 機会」として次のようなものが例示されている：
- 機械やプラントの移転、再設計、更新の計画の早期段階での OHS 要求の組み込み
- OHS に関する要求以上の力量向上やインシデントの適時報告による労働安全衛生文化の向上
- トップマネジメントの OHSMS 支援の見える化の改善
- インシデント調査プロセスの改善
- 働く人の協議・参加プロセスの改善
- 自組織と他組織双方のパフォーマンス実績の考慮を含めたベンチマーキング

「OHS リスク」、「OHSMS リスク」、「OHS 機会（好機）」、「OHSMS 機会（好機）」は、**図表 3-19** のとおり整理することができる。

図表3-19 4つのリスクと機会の分類

	OHSパフォーマンスに関連	OHSMSに関連
リスク	【OHSリスク】 従来からの危険源に関連するリスク OHSリスクアセスメントにより抽出されるリスク	【OHSMSリスク】 "意図した成果"の達成を下振れさせるマネジメント上のリスク 例：ベテランの退職と技術の伝承不足による力量の低下、非正規労働者の増加による安全文化の低下
機会 (好機)	【OHS機会（好機）】 危険源に関連し、OHSリスクを低減するOHS上の好機 例：危険作業許可制度、人間工学評価、インシデント調査と是正処置	【OHSMS機会（好機）】 "意図した成果"の達成を上振れさせるマネジメント上の好機 例：QMSやEMSの成熟によるOHSMSへの理解の向上、取引先からの厳しいCSR要求に対するOHS監査の向上

これらの4つのリスクと機会において、労働災害を防止する上で最も重要なのは、従来から行われてきた「OHSリスク」である。「OHSリスク」を軸にOHSMSを構築し運用すると良いであろう。

「OHSリスク」のリスクアセスメントが重要な理由を次に記す。

トピック：企業責任から考える「OHSリスクアセスメント」が重要な理由

リスクアセスメントの重要性は企業責任の観点からも述べることができる。労働災害が発生すると、図表3-20の責任が生じる。

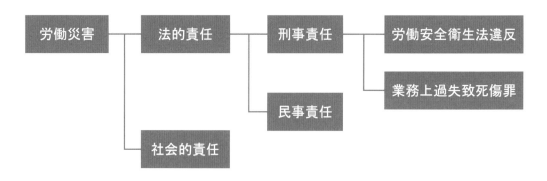

図表3-20 労働災害と企業責任

労働安全衛生法の特徴として、多くの条文に「おそれのある」が登場する。例えば、機械のはさまれ・巻き込まれ対策に関連する次の労働安全衛生規則第101条でも「おそれのある」部分には覆いや囲いが必要だと定められている。

（原動機、回転軸等による危険の防止）
労働安全衛生規則第101条　事業者は、機械の原動機、回転軸、歯車、プーリー、ベルト等の労働者に危険を及ぼすおそれのある部分には、覆い、囲い、スリーブ、踏切橋等を設けなければならない。

労働基準監督署は、労働災害が発生すると条文への抵触を判断するが、その場合に結果が重視され、重篤な労働災害であるほど「おそれがあった」と判断するケースが多い。労働安全衛生法は結果責任の法律ともいわれる所以である。

したがって、「おそれのある」を軽々に判断してはならず、OHSリスクのアセスメントが重要となる。

さらに、今日重みが増しているのは民事責任である。「怪我と弁当は自分持ち」はかつての話で、近年はブラック企業問題で見られるように労働災害に対して被災者やその家族が企業を訴える事例が増えている。労働災害における民事訴訟の根拠は次の法令となる。

（労働者の安全への配慮）
労働契約法第5条
使用者は、労働契約に伴い、労働者がその生命、身体等の安全を確保しつつ労働することができるよう、必要な配慮をするものとする。

（債務不履行による損害賠償）
民法第415条
債務者がその債務の本旨に従った履行をしないときは、債権者は、これによって生じた損害の賠償を請求することができる。債務者の責めに帰すべき事由によって履行をすることができなくなったときも、同様とする。

事業者には、安全配慮義務が存在するが、裁判官はその損害賠償責任の有無を**図表3-21**のように判断する。

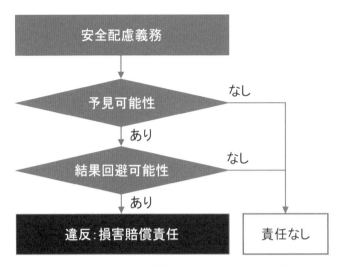

図表 3-21　損害賠償責任の判決決定の流れ

　重要なのは、「予見可能性」の有無である。企業は、労働安全衛生法や関連する法令を順守するのは当然であるが、「予見可能なリスク」にまで対処することが要求される。

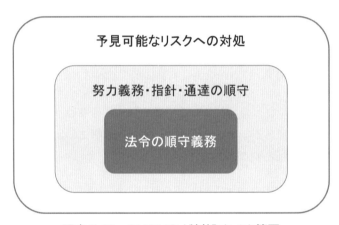

図表 3-22　OHSMS が対処すべき範囲

　予見可能なリスクを見出すのは、まさにリスクアセスメントである。企業責任の観点からもOHS リスクアセスメントは重要であり、OHS リスクアセスメントがペーパーワークに陥らないように留意したい（第 4 章参照）。

「6.1.1　一般」
「6.1.2　危険源の特定並びにリスク及び機会の評価」
「6.1.2.1　危険源の特定」
「6.1.2.2　OHS リスク及び OHSMS に対するその他のリスクの評価」
「6.1.2.3　OHS 機会及び OHSMS に対するその他の機会の評価」

本箇条の狙い：
　OHSMS の計画に際して、リスク・機会（好機）を決定する。そのために危険源を特定し、「OHS リスク」、「OHSMS リスク」、「OHS 機会（好機）」、「OHSMS 機会（好機）」を評価する。

【ポイント解説】
なぜ、リスク・機会を決定するのか？：
　「意図した成果」の確実な達成、「望ましくない影響」の防止・低減、「継続的改善」の三点を達成するためにリスク・機会を決定する。

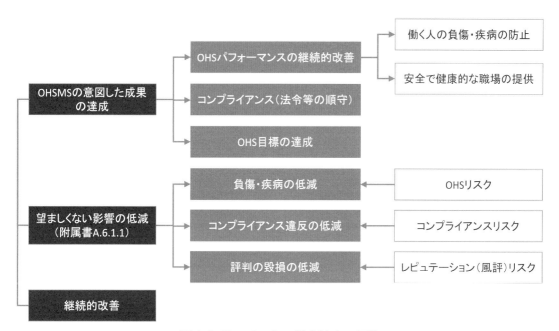

図表 3-23　リスク・機会決定の目的

リスク・機会決定の考慮事項は？：
　箇条 6.1.1 で、OHSMS の PDCA の「Plan」において、リスク・機会を決定する全体のプロセスを求めている。
　リスク・機会を決定する際には、考慮すること（consider：考える必要があるが不採用にできる）と、考慮に入れること（take into account：考える必要があり不採用にできない）が求められている。

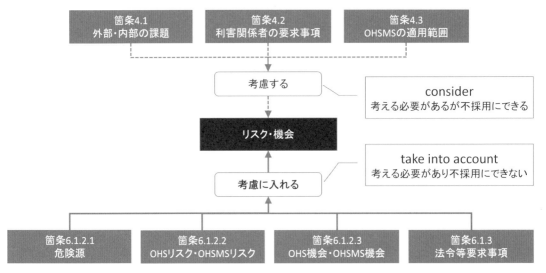

図表 3-24 リスク・機会決定時の考慮事項

「危険源」、「OHSリスク」、「OHSMSリスク」、「OHS機会」、「OHSMS機会」、「法令等要求事項」は、不採用にできない考慮事項であり、それらの詳細が、箇条6.1.2.1から箇条6.1.3に示されている。考慮しても不採用にできる「外部・内部の課題」や「利害関係者の要求事項」と重みが異なることに注意が必要である。

4つのリスクと機会はどのように決定するのか？：

4つのリスクと機会（OHSリスク、OHSMSリスク、OHS機会（好機）、OHSMS機会（好機））は、どのように決定し評価するのか。箇条6.1.2の要求を図示すると**図表3-25**のとおりとなる。

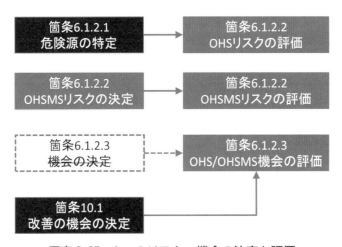

図表 3-25　4つのリスク・機会の決定と評価

リスクは、「特定／決定」し、「評価」する。一方で機会（好機）は「評価」のみで決定がない。なぜ機会（好機）には「決定」の要求がないのであろうか。

第3章 ● ISO 45001 の理解と OHSMS 構築

それは、「好機」は見つけるまで存在しないからである。例えば、「好機」を捉える方法は、雑誌や論文で見つけるかもしれない、展示会で遭遇するかもしれない、コンサルタントや営業マンが教えてくれるかもしれないなど、これといった決まった手法がある訳ではないのである。好機が訪れた際にその流れを逃さぬよう、「好機を逃さない」、「好機を活かす」という言葉がその理解を助けるであろう。

したがって、機会を決定する要求は箇条6.1.2にはないのである。ただし、箇条10.1には「改善の"機会"を決定する」要求がある。それは箇条9を参照することが求められている。

「好機」を捉えたらそれを実施する価値があるか否か「評価」すれば良く、そのプロセスを作成しておけば良いのである。

4つのリスクと機会はどのように評価するのか？：

4つのリスクと機会のうち、「方法論」（methodology）と「判定基準」（criteria）が求められているのは、「OHSリスク」のみである。また、それらについて文書化した情報が求められているのも「OHSリスク」のみである。

「OHSMSリスク」の評価は、附属書A.6.1.2.2によれば、安全衛生委員会などにおける協議（相談）でも良いと解釈できる。

「OHS機会」、「OHSMS機会」の評価は、附属書A.6.1.2.3によれば、恩恵（benefit）を考慮することが望ましいとされ、「OHSMSリスク」と同様に、安全衛生委員会などにおける協議（相談）でも良いと解釈できる。

図表3-26　4つのリスクと機会の決定・評価方法

リスク及び機会	決定方法	評価方法
OHSリスク	危険源を特定	方法論と判定基準が必要（文書化要求あり）
OHSMSリスク	箇条4.1、9、10を考慮し、内部監査やマネジメントレビューも情報源として決定	働く人の相談、新規法令等の監視・伝達、ニーズに合った資源の確保も選択肢
OHS機会（好機）	限定できない	恩恵とOHSパフォーマンス向上の可能性を考慮
OHSMS機会（好機）	限定できない 箇条4.1、4.2、9、10を考慮し、内部監査やマネジメントレビューも情報源として決定	恩恵とOHSパフォーマンス向上の可能性を考慮

-71-

構築ステップ

▶ STEP 1　リスク・機会の決定プロセスを構築する

実施者：安全衛生委員会、OHSMS プロジェクトなど

4つのリスク・機会を決定するプロセスを定め、OHSMS マニュアルまたは規定、手順書を作成する。OHS リスクについては、評価方法と判定基準の文書化が求められている。

✚ヒント！

OHS リスクアセスメントについて、OHSMS プロジェクト／事務局は、モデルとなる業務や機器に対して、リスクアセスメントの試行を実施する。試行結果を考慮して評価基準などを調整する。試行結果は、STEP 2、STEP 3以降のモデルとなる。多くの組織のリスクアセスメントにおける問題点は、部門やプロセスごとにバラツキが生じてしまうことである。バラツキを解消するためにも試行によりモデルを示すことが強く推奨される。

OHS リスクアセスメントの手法については、労働安全衛生法により安全衛生委員会で審議し承認が必要となる。

▶ STEP 2　OHS リスクアセスメントトレーニングを実施する

実施者：安全衛生委員会、OHSMS プロジェクトなど

OHSMS プロジェクト／事務局は、STEP 1で決定したプロセスと実施モデルを教材として、各部門で OHS リスクアセスメントを実施する要員に対してトレーニングを実施する。演習なども実施して理解の向上に努めることが必要である。

▶ STEP 3　各部門において OHS リスクアセスメントを実施する

実施者：各部門、安全衛生委員会

各部門は、STEP 2のトレーニングに基づき自部門の OHS リスクアセスメントを実施する。当該業務の従事者の参加は必須である。状況により OHSMS プロジェクト／事務局のメンバーが参加することも推奨される。

安全衛生委員会及び OHSMS プロジェクトにおいて、各部門が実施した OHS リスクアセスメント結果をレビューする。危険源や危害が不足していないか、評価が誤っていないかなど、内容を確認したうえで全体の調整を図る。OHS リスクアセスメントの結果は、総括安全衛生管理者と OHS 管理責任者が承認する。OHS リスクアセスメントの結果は、安全衛生委員会で審議し承認が必要となる。

▶ STEP 4　OHSMS リスクを決定する

実施者：安全衛生委員会、OHSMS プロジェクトなど

箇条4.1、4.2、箇条9を考慮し、組織の「OHSMS リスク」を決定し、評価する。

第3章 ◉ ISO 45001 の理解と OHSMS 構築

▶ STEP 5　組織の OHS 機会を決定する

実施者：働く人、安全衛生委員会、OHSMS プロジェクトなど

　すべての働く人は、OHS パフォーマンスを改善する機会（好機）に関して、さまざまな情報源から新技術、新物質、好事例などの情報を入手する。情報を入手したら安全衛生委員会に提案する。安全衛生委員会は、実効性を評価し、「OHS 機会」を決定する。各部門が実施した OHS リスクアセスメントの結果および箇条 4.1 外部・内部の課題、箇条 4.2 利害関係者のニーズ・期待、箇条 6.1.3 法令等要求事項を勘案し、「OHSMS リスク」、「OHS 機会」、「OHSMS 機会」を評価し、リスクと機会を決定する。

▶ STEP 6　組織の OHSMS 機会を決定する

実施者：安全衛生委員会、OHSMS プロジェクトなど

　安全衛生委員会は、箇条 4.1、4.2 および内部監査やマネジメントレビューの結果を含む箇条 9、箇条 10 を考慮し、「OHSMS 機会」を評価し決議する。箇条 4.1 外部・内部の課題、箇条 4.2 利害関係者のニーズ・期待、箇条 6.1.3 法令等要求事項を勘案し、「OHSMS リスク」、「OHS 機会」、「OHSMS 機会」を評価し、リスクと機会を決定する。

▶ STEP 7　組織のリスク及び機会を決定する

実施者：安全衛生委員会、OHSMS プロジェクトなど

　安全衛生委員会は、箇条 4.1、4.2、4.3 を考慮し、「OHS リスク」、「OHSMS リスク」、「OHS 機会」、「OHSMS 機会」および箇条 6.1.3 法令等要求事項を考慮に入れ、組織のリスク及び機会を決定する。

-73-

ABC社の事例

ワークシート③

リスク・機会　決定プロセス

リスク及び機会	手法	実施部門
OHSリスク	従来のOHSリスクアセスメント	各部門単位で実施→OHSMSプロジェクトで取り纏め→安全衛生委員会で審議・承認
OHSMSリスク	箇条4.1、4.2、箇条9を考慮し、安全衛生委員会で決議（決定・評価）	安全衛生委員会で決定・評価・承認
OHS機会（好機）	さまざまな情報源から新技術、新物質、好事例などの情報を入手し、安全衛生委員会で決議（評価）	すべての働く人が情報の入手に努め、情報を入手したら安全衛生委員会で評価・承認
OHSMS機会（好機）	箇条4.1、4.2、箇条9、箇条10を考慮し、安全衛生委員会決議(評価)	安全衛生委員会で評価・承認

ワークシート④

OHS リスクアセスメント

リスクアセスメントシート

部門	プロセス	作業	危険源 品目	危険源 仕様等	出来事	危害	既存の災害対策 設備	既存の災害対策 手順	既存の災害対策 教育	既存の災害対策 保護具	リスクレベル 発生確率	リスクレベル 重大性	リスクレベル リスク	リスク管理策	対策後のリスクレベル 発生確率	対策後のリスクレベル 重大性	対策後のリスクレベル リスク
製造	加工	組立て	ロボット（マニピュレータ）	多関節	稼働域に手を出して	手を打撲	光線式				1	3	3				
		組立て（メンテ）	ロボット（マニピュレータ）	多関節	教示作業時に誤作動	手を打撲			教示教育		2	3	6	手順書作成と業務認定	1	3	3
		移載	加工部品	18kg	加工部品を人力で移動して	腰痛					2	2	4				
		搬送	コンベヤー	ベルト	回転部に巻込まれ	手を裂傷	安全カバー、非常停止				2	3	6	安全カバーの改善	1	3	3

労働安全衛生法との関連

労働安全衛生法には、リスクアセスメントに関して2つの規定がある。同法第28条の2に規定する包括的なリスクアセスメントの努力義務と、同法第57条の3に規定する化学物質のリスクアセスメントの義務である。

（事業者の行うべき調査等）
労働安全衛生法第28条の2　事業者は、厚生労働省令で定めるところにより、建設物、設備、原材料、ガス、蒸気、粉じん等による、又は作業行動その他業務に起因する危険性又は有害性等（第57条第1項の政令で定める物及び第57条の2第1項に規定する通知対象物による危険性又は有害性等を除く。）を調査し、その結果に基づいて、この法律又はこれに基づく命令の規定による措置を講ずるほか、労働者の危険又は健康障害を防止するため必要な措置を講ずるように努めなければならない。（以下略）
2　厚生労働大臣は、前条第1項及び第3項に定めるもののほか、前項の措置に関して、その適切かつ有効な実施を図るため必要な指針を公表するものとする。

（第57条第1項の政令で定める物及び通知対象物について事業者が行うべき調査等）
労働安全衛生法第57条の3　事業者は、厚生労働省令で定めるところにより、第57条第1項の政令で定める物及び通知対象物による危険性又は有害性等を調査しなければならない。
2　事業者は、前項の調査の結果に基づいて、この法律又はこれに基づく命令の規定による措置を講ずるほか、労働者の危険又は健康障害を防止するため必要な措置を講ずるように努めなければならない。
3　厚生労働大臣は、第28条第1項及び第3項に定めるもののほか、前2項の措置に関して、その適切かつ有効な実施を図るため必要な指針を公表するものとする。

なお、両条文において定められている厚生労働大臣による指針は次のとおり公表されている。
「危険性又は有害性等の調査等に関する指針」（平成18年3月10日）
「化学物質等による危険性又は有害性等の調査等に関する指針」（令和5年4月27日）

受審上のポイント

審査員は、外部・内部の課題（箇条4.1）と利害関係者のニーズ・期待（箇条4.2）とOHSMSリスク、OHSMS機会との関連を確認する。また、決定されたリスク・機会が、取組みの計画策定（箇条6.1.4）に繋がり、OHS目標（箇条6.2）や運用の計画・管理（箇条8.1）に反映されているか確認する。

また、サーベイランス審査や再認証審査では、変更（組織、プロセス、OHSMS）に際して、その実施前にこの評価が行われているか確認する。

OHSリスクに関して、審査員は、危険源の特定やリスク評価が適切であるかをサイトツアー（現

場踏査）により確認する。OHS リスクアセスメントの結果をサイトツアーで検証することにより、その妥当性を確認する。もちろん、OHS リスクアセスメントが最初からパーフェクトに実施されることなどあり得ないことは審査員も理解している。しかし、重大な危険源や危害が漏れている場合やリスク評価が適切でない場合には、不適合や観察事項として指摘することもある。

OHS リスクアセスメントに関して多い審査所見は、リスク管理策を講じた後のリスク評価が誤っているケースである。多くの場合はリスク管理策を講じても「危害の重大性」は変わらないのであるが、むやみに「危害の重大性」を下げてしまうケースが散見されるので留意する。

なお、ISO 審査員の力量は、ISO/IEC 17021「適合性評価—マネジメントシステムの審査及び認証を行う機関に対する要求事項」の第 10 部「OHSMS の審査及び認証に関する力量要求事項」で定められるが、審査員は必ずしも OHS の専門家ではない。日本の ISO の審査は、「文書化した情報」（文書・記録）に偏重していると言われるが、現場でリスクを評価する力量や労働安全衛生法の理解が不足している審査員は少なくない。より力量の高い認証機関や審査員を選定することも重要である。

「6.1.3　法的要求事項及びその他の要求事項の決定」

本箇条の狙い：

組織に適用される最新の法令等要求事項を決定し、それらを利用（アクセス）可能とするプロセスを構築、運用する。そして、それらの法令等要求事項の組織への適用方法とコミュニケーションの必要性を決定する。

【ポイント解説】

ISO 45001 において、コンプライアンスはどのように担保されるのか？：

ISO 45001 には**図表 3-32** のとおり、コンプライアンスを確実にする仕組みが組み込まれている。

① 箇条 5.2：OHS 方針でトップマネジメントがコンプライアンスをコミットメント
② 箇条 6.1.3：適用される法令等要求事項と自組織への適用を決定
③ 箇条 9.1.2：順守評価によりコンプライアンスを定期的に評価

箇条 6.1.3 は、OHSMS の「意図した成果」の一つであり、OHS 方針においてトップマネジメントがコミットメントした法令等要求事項の順守、つまりコンプライアンスを確実なものとするために重要な箇条である。

さらには、内部監査により上記 3 要素の適合性、有効性を監査したうえ、マネジメントレビューにおいて、トップマネジメントに順守評価と内部監査の結果を報告するので、適切に運用されていれば法令違反は防ぐことができるはずである。

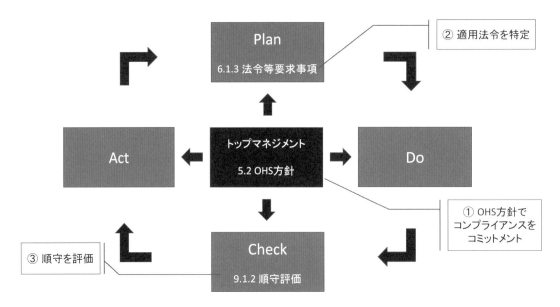

図表 3-27　ISO 45001 におけるコンプライアンス担保の仕組み

適用される法的要求事項はどのように特定するか？：

　箇条 4.2 において利害関係者のニーズ・期待を決定したが、利害関係者として労働基準監督署や消防署が特定され、そのニーズとして労働安全衛生法や消防法の順守を決定した。本箇条では、その詳細を明確にする。

　通常の組織では次の法的要求事項が適用される可能性がある。

- 【必須】労働安全衛生法および関連規則
- 【必須】消防法および危険物の規制に関する規則、建築基準法（一部）
- 高圧ガス保安法
- 放射線障害防止法
- 労働基準法の一部（女性労働基準規則を含む）
- 水道法

　まず、上記を参考に、組織が対象とする法令等要求事項を決定し、それらを入手する。法令条文はインターネットからも入手できる。その場合は、デジタル庁が運営する総合的な行政情報ポータルサイト「電子政府の総合窓口（e-Gov：イーガブ）」を利用すると良い。

　ただし、法令の繋がりや背景が不明であるので、解釈例規なども記載された『安衛法便覧』（労働調査会、毎年度発行）も参照するとよい。また、法令の落とし処を判断するには、拙著『送検理由に学ぶ安衛法の理解』（労働調査会，絶版）を推奨する。

　次に、決定した法令等要求事項を組織にどのように適用するかを決定する。これは、特に労働安全衛生法においては、容易でない要求である。

　例えば、労働安全衛生法第 59 条において、雇入れ時の教育が求められている。その要求に対して、いつ、誰が、どのように入社時教育（作業内容変更時も同様）を実施して法令を満たすのかを決定する必要がある。

第3章 ● ISO 45001 の理解と OHSMS 構築

適用法令はどの程度詳細に特定するのか？：

箇条 9.1.2 の順守評価に資するレベルとすることが必要である。法令要求の特定が十分でないと、順法状態であるか否かを評価できないからである。

特に労働安全衛生法は、関連規則を含めると膨大な要求となり、その特定は OHS リスクアセスメントと同様に OHSMS を構築する上で最も時間を要するものとなる。しかし、本箇条を疎かにすると、コンプライアンスに資する OHSMS とならない。

力量を有する要員が時間を掛けて取組むことが期待される。

その他の要求事項には、どのようなものがあるのか？：

法令以外のその他の要求事項には次のようなものが挙げられる：

- 行政が発行する指針、通達（法的要求事項と判断して良いケースもある）
- 親会社からの要求事項
- 労働組合、社員会との協定、取決め等
- 顧客の要求事項（サステナビリティ監査基準など）
- 雇用契約書
- 就業規則
- 行政からの勧告／指導事項
- 組織が同意した業界団体の取決め等
- 組織の公的なコミットメント

コミュニケーションする必要があるものを決定するとは何か？：

本箇条では、何をコミュニケーションする必要があるのかを決定することが求められている。

労働安全衛生法において、健康診断では、健康診断を受けた労働者に対しその結果の通知が必要（法第 66 条の 6）であるし、常時 50 人以上の労働者を使用する事業者は健康診断の結果を労働基準監督署に報告しなければならない（労働安全衛生規則第 52 条）。

本箇条で決定されたコミュニケーションのニーズは、**箇条7.4　コミュニケーション**に反映される。

構築ステップ

▶ STEP 1　適用される法的要求事項を決定する

実施者：OHSMS プロジェクト／事務局

自組織に適用される法令を特定する。労働安全衛生法、労働安全衛生規則、有機溶剤中毒予防規則などの労働安全衛生法関連法令のみならず、労働基準法や女性労働基準規則などの労働関係法、消防法や高圧ガス保安法などの防災関連法、毒物劇物取締法などの化学物質関連法も考慮する。

-79-

＋ヒント！

適用法令をチェックする「OHSMS関連法令確認リスト」の事例を**図表3-28**に示す。

▶ STEP 2　適用法令における適用条文を決定し、明確化する

実施者：OHSMSプロジェクト／事務局

STEP 1で特定した適用法令の条文を用意する。法令集（コピーでも可）やインターネットを利用する。条文を確認し、適用される条文を決定する。

それらは、アンダーラインを引いたりマーカーで識別する、電子ファイルを切り貼りするなどして明確化する。

＋ヒント！

インターネット上で法令を調査し、条文を引用する場合は、日本政府が最新版を提供しているサイト、e-Gov（イーガブ）を利用する。

▶ STEP 3　条文の適用部門や施設・設備・機械を明確にする

実施者：OHSMSプロジェクト／事務局

STEP 2で特定した条文が組織にどのように適用されるかを明確にする。部門、施設・設備・機械、物質などを特定する。

▶ STEP 4　その他の要求事項を特定する

実施者：OHSMSプロジェクト／事務局

箇条4.2で特定したその他の要求事項の具体的対応事項をSTEP 2に準じて確認する。また、その要求の組織への適用をSTEP 3に準じて明確にする。

▶ STEP 5　適用法令の制定・改正情報を入手し、最新版化する

実施者：OHSMSプロジェクト／事務局

関係省庁のインターネットサイト、専門誌、官報、法令説明会などにより適用法令の制定・改正情報を入手する。適用法令に変更が生じる場合は、変更箇所をアップデートする。

第 3 章 ● ISO 45001 の理解と OHSMS 構築

図表 3-28　OHSMS 関連法令確認リスト（事例）

分野	法令等名称	確認
安全衛生		
	労働安全衛生法	
	労働安全衛生規則	
	四アルキル鉛中毒予防規則	
	ボイラー及び圧力容器安全規則	
	作業環境評価基準	
	作業環境測定基準	
	粉じん障害防止規則	
	特定化学物質障害予防規則	
	鉛中毒予防規則	
	有機溶剤中毒予防規則	
	酸素欠乏症等防止規則	
	事務所衛生基準規則	
	ゴンドラ安全規則	
	クレーン等安全規則	
	電離放射線障害防止規則	
	石綿障害予防規則	
	放射性同位元素等による放射線障害の防止に関する法律	
	感染症の予防及び感染症の患者に対する医療に関する法律	
	道路交通法	
労働		
	労働基準法	
	女性労働基準規則	
	短時間労働者の雇用管理の改善等に関する法律	
	雇用の分野における男女の均等な機会及び待遇の確保等に関する法律	
	事業主が職場における性的な言動に起因する問題に関して雇用管理上構ずべき措置についての指針	
	障害者の雇用の促進等に関する法律	
防災		
	消防法	
	危険物の規制に関する政令	
	高圧ガス保安法	
	液化石油ガス保安規則	
	一般高圧ガス保安規則	
	危険物輸送に係る教育訓練について	
	火薬類取締法	
化学物質		
	毒物及び劇物取締法	
	化学物質の審査及び製造等の規制に関する法律	
	新規化学物質の製造又は輸入に係る届出等に関する省令	

- 81 -

ワークシート⑤

ABC社の事例

法令等要求事項登録表（事例）

法令等要求事項登録表

労働安全衛生規則		要求事項	要求内容	適用案件等	適用					備考
第一章 機械 第一節 一般基準	規則				製造	開発	技術	購買	総務	
	107	掃除等の場合の運転停止等	・機械（刃部以外）の掃除、給油、検査、修理、調整作業で、労働者に危険を及ぼすおそれのある時は、機械の運転を停止する（ただし、機械の運転中に行わなければならない場合、危険な箇所に覆いを設ける等の措置を講じた場合を除く）。 ・上記で機械の運転を停止した時は、当該機械の起動装置に錠を掛け、当該機械の起動装置に表示板を取り付ける等して、上記機械を運転する労働者以外の者が当該機械を運転することを防止するための措置を講じる。	基発0412第13号通達で解釈を補足（危険領域立入りに際し、表示措置に並行し施錠措置を推奨）。「起動装置に表示板を取り付ける場合には、表示板の脱落や見落とがあることから、施錠装置を併用することが望ましい。	○	○	○	NA	○	詳細はLOTO規定参照
	108	刃部のそうじ等の場合の運転停止等	機械の刃部のそうじ、検査、修理、取替え、調整の作業を行う時は、 ・機械の運転を停止して行う（機械の構造上危険を及ぼすおそれのないときを除く）。 ・上記で当該機械の運転を停止する等して、当該作業に従事する以外の者が当該機械を運転することを防止するための措置を講じる。 ・運転中の機械の刃部において切粉払い、又は切削剤を使用するときは、作業者にブラシその他の適当な用具を使用させる。 【労働者の順守義務】		○	NA	NA	NA	NA	自動切断機
	108の2	ストローク端の覆い等	研削盤やプレーナーのテーブル、シェーパーのラム等のストローク端が危険を及ぼすおそれのあるときは、覆いや囲い、柵を設ける等当該危険を防止する措置を講じる。		NA	NA	NA	NA	NA	
	109	巻取りロール等の危険の防止	紙、布、ワイヤロープ等の巻取りロール、コイル巻等、危険を及ぼすおそれのあるものには、覆いや囲い等を設ける。		○	NA	NA	NA	NA	
	110	作業帽等の着用	動力勅動機械に作業中の者の頭髪や被服が巻き込まれるおそれのあるときは、当該機械に適当な作業帽又は作業服を着用させる。		○	○	○	NA	NA	構内全域
	111	手袋の使用禁止	ボール盤、面取り盤等の回転する刃物で作業中に手が巻き込まれるおそれのあるときは、当該作業者に手袋を使用させてはならない。 【労働者の順守義務】		NA	NA	○	NA	NA	工作室のボール盤

第3章 ● ISO 45001 の理解と OHSMS 構築

労働安全衛生法との関連

労働安全衛生法では、次のとおり法令の要旨を労働者に周知することが求められている。

（法令等の周知）

労働安全衛生法第 101 条　事業者は、この法律及びこれに基づく命令の要旨を常時各作業場
　の見やすい場所に掲示し、又は備え付けることその他の厚生労働省令で定める方法により、
　労働者に周知させなければならない。

受審上のポイント

審査員は、本箇条で組織に適用されると決定した法令等要求事項に漏れがないかを文書化した
情報やサイトツアーにより確認する。特に、審査の直近で改正された適用法令要求は、本箇条の
有効性を検証する絶好の確認事項となるので注意が必要である。

また、審査員は、法令のみならず、その他の要求事項が適切に決定されているかも確認する。

審査員によって適用法令の理解の程度には大きなばらつきがあり、ISO 45001 の外部審査がコ
ンプライアンスに資するものとなるか否かは審査員の力量次第ともいえる。

「6.1.4　取組みの計画策定」

本箇条の狙い：

「OHS リスク」、「OHSMS リスク」、「OHS 機会」、「OHSMS 機会」、「法令等要求事項」および
「緊急事態」に対し、どのように取り組むのかを計画する。

また、それらの取組みが有効に実施されているか、評価する方法も計画に含める。

【ポイント解説】

取組みの計画の対象となるのは何か？：

本箇条は、4 つのリスク及び機会、法令等要求事項、緊急事態を OHSMS でどのように運用す
るかを計画することを意図している。その対象と取組み方法を**図表 3-29** に示す。

4 つのリスク・機会のうち、「OHS リスク」は、OHS リスクアセスメントの帳票においてリス
ク管理策を決定して完結させているケースが多い。また、法令等要求事項は、箇条 6.1.3 におい
て法令等要求事項のリストで対応方法を計画しておくことも一つの手法である。

取組みの計画において、OHS 目標に設定する項目および／またはその他の箇条で管理する項
目を決定する。OHS 目標は、要求事項上は次の箇条 6.2 で設定することとなるが、本箇条で対
象を選定することとなる。その場合、OHS 方針との整合が求められており（箇条 5.2、箇条 6.2
参照）、取組の計画策定の段階から整合を考慮しておく。

- 83 -

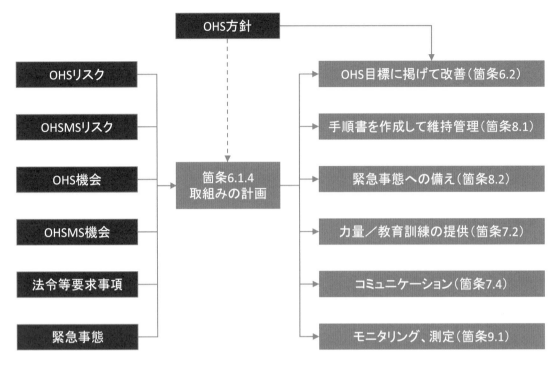

これらは、組み合わせて複合的に実施することもあり得る。

図表3-29　取組みの計画の対象と方法

その他の事業プロセスへの統合とは？：

　取組みの計画で決定する管理は、必ずしもOHSMS上で管理する必要はない。より効率的な業務とするために、重複を避けることに配慮する。

　例えば、事業目標管理、人事労務管理、品質マネジメントシステム（以下、QMS）、環境マネジメントシステム（以下、EMS）、事業継続プロセス、危機管理プロセスなど、他のシステムで計画・運用することも可能である。

　ただし、その場合でもISO 45001審査の対象にはなり得る。

取組みの有効性はどのように評価するのか？：

　計画には、"その取組みの有効性の評価"も含めなければならない。箇条9.1と関連して有効性を評価する必要がある。内部監査や順守評価はもちろん、安全パトロール、作業環境測定、健康診断やストレスチェックも有効性の評価となり得る。

第3章 ● ISO 45001 の理解と OHSMS 構築

構築ステップ

▶ STEP 1　4つのリスク・機会などへの対応方法を決定する

実施者：OHSMS プロジェクト／事務局

「OHSMS リスク」、「OHS 機会」、「OHSMS 機会」、「法令等要求事項」および「緊急事態」の対応方法を決定する。（「OHS リスク」は OHS リスクアセスメントにてリスク管理策を計画する）「OHS 目標」に設定する項目も決定する。

▶ STEP 2　安全衛生委員会で承認を得る

実施者：安全衛生委員会

STEP 1 で策定した取組み計画について、安全衛生委員会で審議し承認を得る。

▶ STEP 3　取組み計画を関係部門に伝達し、対応を指示する

実施者：事務局

計画した取組みを関連部門に伝達し、対応を指示する。手順書作成、教育訓練、監視測定など期限を明確に設定することが重要である。

- 85 -

ワークシート⑥

OHSMS 取組み計画の事例

OHSMS取組み計画シート

ABC 社の事例

項目	リスク及び機会	取組み					責任者	評価方法
		OHS目標への取込	技術的対策	教育訓練	手順書	監視測定		
OHSリスク	※ OHSリスクアセスメントシート参照						各部門長	RAシートによる
OHSMS機会	①労使協調及び社員満足による安全文化向上	○	休憩室整備	管理者研修	-	カルチャーサーベイ	総務部長	実施計画レビュー
OHSMSリスク	②ベテランの退職と技術の伝承不足による力量の低下	○	-	資格取得	-	資格取得数	総務部長	実施計画レビュー
OHS機会	③LOTOプログラム導入による非定常作業のリスク低減	-	一部の設備改善	導入教育	LOTO手順書	-	技術部長	内部監査
OHSMSリスク	④人員不足による長時間労働の増大、健康被害	○	-	管理者研修	-	残業時間	総務部長	実施計画レビュー
OHSMS機会	⑤請負会社を含む安全パトロール強化によるリスク低減	-	-	-	パトロールチェックリスト	安全パトロール	総務部長	指摘件数
OHSMS機会	⑥コンプライアンス改善による法令リスクの低減	-	-	順守評価者研修	法令登録簿	法令順守率	総務部長	順守評価
法令等要求事項	※ 法令等要求事項登録表参照	-					総務部長	順守評価 順守率
緊急事態対応	負傷者発生時の対応			蘇生・応急処置訓練	緊急事態対応手順書	受講者数	製造部長	内部監査

第3章 ● ISO 45001 の理解と OHSMS 構築

労働安全衛生法との関連

特に関連する条文は存在しない。

受審上のポイント

取組みの計画は、審査員が OHSMS を審査する際の重要な拠り所となる。なぜなら、この計画を確認すれば、組織の OHSMS の全容が俯瞰できるからである。

審査員は、本箇条において、OHS 目標で確認すること、手順書を確認すべきリスク管理策などを把握したうえで審査を進める。したがって、組織は本箇条で作成した計画に沿って、計画および運用状況を説明できるようにしておく。

「6.2　OHS 目標及びそれを達成するための計画策定」
「6.2.1　OHS 目標」
「6.2.2　OHS 目標を達成するための計画策定」

本箇条の狙い：

箇条 6.2.1：

OHS 方針と整合した OHS 目標を設定する。

箇条 6.2.2：

OHS 目標を達成するための計画を策定する。

【ポイント解説】

方針と整合した OHS 目標とは？：

本箇条は、前箇条の取組みの計画において OHS 目標を設定し改善を図ると決定した項目が対象となる。

OHS 目標は、「OHS 方針と整合していること」が求められている。これは、**箇条 5.2　OHS 方針**の「OHS 目標の設定のための枠組みを示す」と整合を図ることが必要となる。

例えば、OHS 方針において、"メンタルヘルスに注力する"と掲げられていれば、メンタルヘルスを OHS 目標に取り入れる必要がある。もし、OHS 方針に掲げられているにも関わらず、OHS 目標にメンタルヘルスを採り上げないとしたら、その明確な理由付けが必要となる。

測定可能な OHS 目標とは？：

OHS 目標が「測定可能であること」については、OPI と MPI の 2 種類の設定方法がある。

・オペレーション（操業）パフォーマンス指標（OPI）

・マネジメントパフォーマンス指標（MPI）

- 87 -

【OPI の事例】
- 労働災害発生件数
- 度数率、強度率
- 化学物質暴露量
- 職場騒音暴露
- ストレスチェックのスコア
- 安全パトロール指摘件数
- 作業環境測定結果
- OHS 法令順守率

【MPI の事例】
- OHS 教育訓練時間／費用
- リスクアセスメントの見直し件数
- 内部監査の不適合件数、OHS（EHS、CSR）監査のスコア
- 手順書の見直し件数
- リスク管理策の投資費用
- 健康診断 2 次健診の受診率

労働災害ゼロという目標は適切か？：

　多くの企業が目標に掲げるゼロ災害や休業災害 0 件は、それだけでは適切な OHS 目標とはいえない。もちろん、究極の目標ではあるが、労働災害の発生は、OHSMS の結果に過ぎないからである。他の目標と併せて設定することであれば支障ない。

　ちなみに ISO 45001 の前身の OHSAS 18001 のガイドラインである OHSAS 18002 では、OHS 目標について次のような例示があった。
- ある事柄を増加又は減少させる数字で示した目標（例えば、操作事故を 20％減少する）
- 管理策導入、又は危険源除去の目標（例えば、職場における騒音低減）
- 特定製品の危険有害物質をより少なくする目標
- 働く人の OH&S 関連満足度を向上させる目標（例えば、職場でのストレス低減）
- 危険有害な、物質、設備又はプロセスの暴露を低減する目標（例えば、アクセス制御、防御柵の導入）
- 作業を安全に実施する自覚、力量を高める目標
- 差し迫った法的要求事項を制定前に満たす目標

戦略的目標、戦術的目標、運用上目標とは何か？：

　ISO 45001 の附属書 A.6.2.1 では、戦略的目標、戦術的目標、運用上目標の 3 つを例示している。**図表 3-30** にその他の事例を挙げる。これらを部門や階層で使い分けることも有効である。

- 88 -

第3章 ● ISO 45001 の理解と OHSMS 構築

図表 3-30　戦略的目標、戦術的目標、運用上目標の事例

目標	事例①	事例②
戦略的目標	化学物質暴露の低減	非定常作業の事故防止
戦術的目標	作業場の作業環境改善	ロックアウトプログラムの導入
運用上目標	暴露低減のための局所排気装置の設置	個別機械のロックアウト手順策定

OHS 目標達成計画の「必要な資源」とは？：

　OHS 目標を達成するための計画では、5 W 1 H を明確にする必要がある。加えて、「必要な資源」と「結果の評価方法」が求められていることにも注意が必要である。

　必要な資源には、予算（財源）、人的資源、設備、インフラストラクチャが含まれる。

　計画策定の際に必要な資源を決定せよ、という要求であり、特別な資源が不要であれば記述する必要はない。

OHS 目標達成計画の「モニタリングの指標を含む結果の評価方法」とは？：

　結果の評価方法は、箇条 9.1 と関連する要求である。例として、次のような指標が考えられる；
・作業環境の化学物質濃度や騒音の基準年度比
・安全パトロールの指摘件数の前年度比
・e ラーニングの評価点数の平均値の基準年度比
・度数率・強度率の業界平均値との比較
・セーフティーカルチャーサーベイの基準年度比

構築ステップ

▶ STEP 1　OHS 目標を設定する

実施者：OHSMS プロジェクト／安全衛生委員会

　箇条 6.1.4　**取組みの計画策定**で決定したテーマについて、OHS 方針と整合した OHS 目標を設定する。目標は、全社＞事業所＞部門など階層に応じて設定することでも良い。

✚ヒント！

　目標設定は、SMART であることが期待される。SMART とは、選挙公約でも使われるビジネス用語で次の意味を持つ。

　S pecific　　　　具体的な
　M easurable　　測定可能な
　A chievable　　達成可能な
　R ealistic　　　現実的で結果志向な
　T ime-bound　　時間制約がある

－ 89 －

▶ STEP 2　安全衛生委員会で承認を得る

実施者：安全衛生委員会

STEP 1 で策定した OHS 目標について、安全衛生委員会で審議し承認を得る。

▶ STEP 3　OHS 実施計画を策定する

実施者：OHSMS プロジェクト／各部門

OHS 目標の達成に向けて、主管部門はそれぞれの実施計画を策定する。

＋ヒント！

今日、組織は QMS の品質目標や EMS の環境目標を含め、さまざまな目標管理制度を運用している。OHS 目標単独で実施計画を策定する必要はなく、むしろ他の目標管理制度との統合が推奨される。

ただし、箇条 6.2.2 で要求される実施事項、必要な資源、責任者、達成期限、結果の評価方法を網羅することに留意する。

▶ STEP 4　OHS 目標と実施計画の承認と伝達

実施者：安全衛生委員会／各部門

STEP 3 で主管部門が策定した OHS 実施計画を安全衛生委員会で承認する。また、各部門は自部門の OHS 目標と実施計画を働く人に伝達する。

ワークシート⑦

OHS 目標・実施計画の事例

OHS目標・実施計画

部門：製造部

部門OHS目標	実施事項	必要な資源	責任者	評価方法	実施計画											
					4月	5月	6月	7月	8月	9月	10月	11月	12月	1月	2月	3月
職場騒音の低減 -10dB	騒音測定計画（自社）	―	鈴木	―	計画策定											
	騒音発生源周波数測定	専門業者測定費	田中	―		測定	解析									
	騒音対策立案	技術的支援	鈴木	―				設計	見積	予算申請						
	対策実施	設備改造費	佐藤	―							対策工事					
	騒音測定（自社）	設備改造費	佐藤	―										測定		
	職場騒音	―	鈴木	80dB未満	○									○	○	
OHS教育の強化 15時間/人・年	教育計画策定	―	小泉	―	計画策定											
	教育資料作成	―	岡田	―		教育資料作成										
	教育提供	受講時間	福島	―				RA		PPE		緊急事態		LOTO		化学物質
	教育時間	受講時間	神崎	15時間／人以上												

部門長確認

OHS管理責任者確認（9月、3月）

労働安全衛生法との関連

　多くの労働局は、安全衛生計画の作成を推奨している。「労働安全衛生管理計画」、「労働安全衛生管理計画書」、「年間労働安全衛生管理計画」など名称は異なるが、内容はほぼ同様である。労働局によっては、その作成と提出を求めるケースもある。多くの労働局では標準様式を定めており、その中には重点施策を定めるものもある。この重点施策とOHS目標を別々に設定することは、ダブルスタンダードとなり適切ではない。

受審上のポイント

　審査員が着目するのは、外部・内部の課題、利害関係者のニーズ・期待、OHS方針、リスク・機会、計画の取組み、OHS目標、実施計画、モニタリング、是正処置の整合である。これらの整合が図られていることが重要である。

　また、実施計画における「必要な資源」、「結果の評価方法」は、ISO 9001やISO 14001の審査においても十分ではないケースが多く、注意深く審査することとなる。「必要な資源」および「結果の評価方法」を適切に計画する。

(6)「7 支援」

【解説】

箇条7は、PDCAのDo（実行）に位置する。同じDoに位置付けられる**箇条8 運用**を支援する要求となる。多くの要素は、QMSやEMSなど、他のマネジメントシステムと共通化が図れる箇条である。

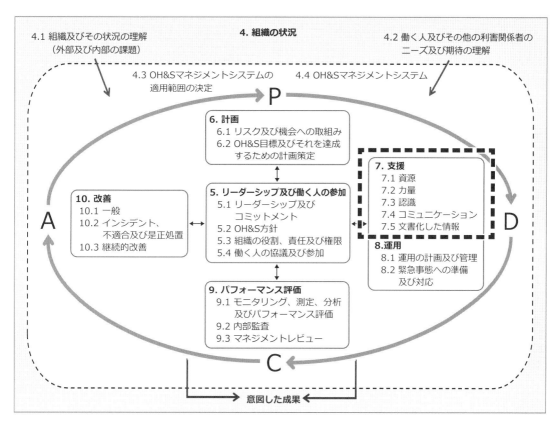

図表3-31 ISO 45001構成図（7. 支援）

「7.1 資源」

本箇条の狙い：

OHSMSを構築および運用するうえで必要な経営資源を決定し、提供する。

【ポイント解説】
資源とは何か？：

資源には、人的資源、天然資源、インフラストラクチャ、技術、資金などが含まれる（附属書

A.7.1)。一般的に経営資源といわれる人・もの・お金・情報が内部資源で、不足する場合は外部資源の活用も考慮する必要がある。例えば、コンサルタントの活用などが挙げられる。

また、**箇条 6.2.2　OHS 目標を達成するための計画策定**において、OHS 目標達成の計画に"要求される資源"が含まれていることとも関連する。

トップマネジメントの関与は？：

　箇条 5.1　リーダーシップ及びコミットメントにおける、「OHSMS の確立、実施、維持及び改善に必要な資源が利用可能であることを確実にする」の要求と関連する箇条であり、トップマネジメントや経営層がその責任を有する。

　さらに**箇条 9.3　マネジメントレビュー**において、トップマネジメントが"必要な資源"を決定することが求められている。トップマネジメントが自ら必要であると決定した資源は、適切に投入しなければならない。

構築ステップ

▶ STEP 1　OHSMS 構築・認証取得に必要な資源を見積る

実施者：OHSMS プロジェクト／事務局

　OHSMS の構築から認証取得までの資源（人的資源を含む）、費用を見積る。人的資源では、専任や兼務の事務局、プロジェクトや委員会のメンバー、内部監査員などを見積る。費用では、審査費用は必須となり、教育訓練費や状況に応じてコンサルタントの活用も検討する。その他に重要なのは、現状に追加することが必要なリスク管理策や法令違反の解消に要する費用である。

　なお、費用は単年度のみでなく、必要に応じて中長期の予算化も必要になる。

＋ヒント！

　費用を見積るためには、現状と ISO 45001 認証取得とのギャップ分析を実施することが推奨される。スタッフは足りているか、設備投資は必要か、法令違反を解消するための必要な対策に必要な資源はあるか、必要な教育は何かなどを検討する。

　その結果を反映して、OHSMS の構築と運用に必要な社内の人員、設備対策費、点検・作業環境測定・健康診断などの運用経費を見積もる。

▶ STEP 2　予算を申請する

実施者：OHSMS プロジェクト／事務局

　STEP 1 で見積った予算を、経営層に申請する。予算とともに経営層のコミットメントを引き出すことが重要である。

▶ STEP 3　予算を承認する

実施者：トップマネジメント／経営層

　STEP 2 により申請された予算を確認し、承認する。承認が困難な場合は、代替策の検討を

OHSMS プロジェクト／事務局に指示する。

ABC 社の事例

ABC 社ではマネジメントレビューで決定した必要な資源を次年度予算に織り込むことを定めている。

労働安全衛生法との関連

労働安全衛生法第 3 条（事業者等の責務）には資源の提供が含まれていると理解される。

（事業者等の責務）
労働安全衛生法第 3 条　事業者は、単にこの法律で定める労働災害の防止のための最低基準を守るだけでなく、快適な職場環境の実現と労働条件の改善を通じて職場における労働者の安全と健康を確保するようにしなければならない。また、事業者は、国が実施する労働災害の防止に関する施策に協力するようにしなければならない。

受審上のポイント

審査員は、トップインタビューにおいて、組織が投入した資源をヒヤリングするので、審査以前 1 年間程度に投入した経営資源を纏めておく。その投入資源には、ハード面のみならず、OHS 事務局要員の割り当てや教育訓練などのソフト面の投資も含まれる。

審査において、明確な人員の不足や機械設備の老朽化が認められた場合、審査員は予算化措置の状況など、本箇条を注意深く審査することになる。そのためにも**箇条 4.1　組織及びその状況の理解**において経営環境を把握し、財務力に応じて投資の可否を判断することもある。

「7.2　力量」

本箇条の狙い：
OHSMS に関して必要な「力量」（能力、適性）を決定し、力量を備える処置をとる。

【ポイント解説】
OHSMS に関して必要な力量とは？：

本箇条は、必要な力量を決定することがスタートとなる。力量は、箇条 6.1.2 の OHS リスクアセスメントで必要と評価した力量、箇条 6.1.3 の法令等要求事項の決定で特定した力量、箇条 6.1.4 の取組みの計画策定で必要性を認めた力量、OHSMS の運用上必要な力量が対象となる。必要な力量は次の観点から決定する。

〔法定教育など〕
- 労働安全衛生法で求められる雇入れ時教育（作業内容変更時を含む）
- 労働安全衛生法で求められる職長教育
- 労働安全衛生法で求められる選任、特別教育、免許、技能講習
- 消防法の防火管理者等、危険物保安監督者、その他消防計画や危害予防規程で定める教育
- 高圧ガス保安法における高圧ガス製造保安責任者、冷凍機械責任者、その他保安教育計画で定める教育訓練
- 放射線障害防止法における放射線取扱主任者、その他放射線障害予防規程で定める教育訓練

〔組織の業務遂行上の力量〕
- 箇条 8.1 において各業務やプロセス（手順）の遂行に必要な社内資格や力量（例、ロックアウト・タグアウトプロセス、個人用保護具管理プロセス、コンファインドスペース管理プログラムなど）
- 箇条 8.2 において緊急事態対応に必要な力量

〔OHSMS 上の力量〕
- 内部監査員
- 危険源の特定、リスクアセスメントを実施する要員
- 順守義務の決定者、順守評価実施者（法定教育と関連）

力量を備える方法は？：

　附属書 SL では、教育訓練の実施が力量向上に直結しないことから、教育訓練の要求がなくなった経緯がある。力量は、教育（education）、訓練（training）、経験に基づくことが必要で、座学による教育や法定資格取得だけでは力量があると判断できないケースも多い。

　例えば、フォークリフトの特別教育や技能講習を受講してもペーパードライバーなど必ずしも安全運転ができる力量があるとはいえず、社内で認定制度を運用している事例もある。

力量の評価方法は？：

　本箇条では、教育訓練など力量を取得または向上させるためにとった処置に対して、その有効性を評価することが求められている。その評価方法は次のような例が考えられる。
- 教育訓練終了時に理解度確認テストを実施する
- 指導者が実技試験を実施する
- 教育訓練後、一定期間後に安全パトロールなどで運用状況を確認する

＿＿＿＿＿
| 構築ステップ |

▶ STEP 1　必要な力量を抽出し、力量取得方法を決定する

実施者：OHSMS プロジェクト／事務局／各部門

　OHSMS プロジェクト／事務局は、組織共通の OHSMS に必要な力量を決定する。また、各部門は部門の業務遂行に必要な OHSMS 上の力量を決定する。

必要な力量が決定したら、外部講習を受講させる、社内で手順書や教育資料を作成して教育訓練するなど、力量を取得・向上する方法を決定する。

▶ STEP 2　現状とのギャップを把握し、教育訓練計画を策定する

実施者：各部門／事務局

STEP 1 で特定した力量の対象となる要員ごとの充足状況をレビューし、ギャップを把握する。ギャップがある場合、ギャップを埋めるための教育訓練計画を策定する。

必要な力量と資格保有と選任状況のリストを作成する。

＋ヒント！

日本と米国の教育訓練の違いにリフレッシュトレーニング（再教育）の存在がある。米国では、重要な OHS の教育訓練には 1 年または 2 年ごとのリフレッシュトレーニングが要求されるケースが多い。運転免許の更新制度と同様である。教育訓練の重要度に応じてリフレッシュトレーニングを計画に織り込むことが期待される。

＋ヒント！

ISO 45001 では、教育訓練計画を策定する要求はない。しかし、労働安全衛生法では、安全衛生委員会の調査審議事項に、「安全／衛生教育の実施計画の作成に関すること」が含まれている。

▶ STEP 3　力量を取得または維持・向上するための処置をとる

実施者：各部門／事務局

STEP 2 で策定した教育訓練計画に基づき教育訓練など力量を取得または向上するための処置を提供する。処置の後、その処置の有効性の評価を実施する。

それらの記録を作成し、**箇条 7.5　文書化した情報**に基づき保持する。

なお、法定資格が充足できない場合は、法令違反とならぬよう外部資源の活用も検討する。

＋ヒント！

労働安全衛生法では、雇入れ時の教育が作業内容変更時にも準用される。作業内容が変更された際、突発的な作業を実施する際に教育が欠落しない仕組みが必要となる。

ワークシート⑧

OHS教育訓練年間計画の事例

OHS教育訓練年間計画書

ABC社の事例

教育内容	対象者	講師	教材	判定の方法	4月	5月	6月	7月	8月	9月	10月	11月	12月	1月	2月	3月
ISO45001規格の理解	課長以上	社外講師	ISO規格	テストの実施		□										
OHSMSに対する自覚の向上	全従業員	管理責任者	方針、マニュアル、環境影響評価表	インタビュー			□									
新入社員教育	新入社員(随時)	EI管理室長	方針、マニュアル、環境影響評価表	理解度確認テスト	□	□	□	□	□	□	□	□	□	□	□	□
リスクアセスメント教育	部門代表者	OHSMS事務局	リスクアセスメント規定	演習評価 理解度確認テスト				□								
PPE(個人用保護具)教育	管理部門を除く全従業員	社外講師	テキスト	インタビュー						□						
ロックアウト・タグアウト	全従業員	各課長	LOTO手順書	インタビュー										□		
化学物質の管理方法 PRTR法、SDS	課長以上	化学物質管理者	分別保管手順 産業廃棄物処理の手引き	テストの実施												□
コンプライアンス教育	施設係	社外講師	法令等要求事項登録表	実技テスト						□						
OHS内部監査員教育	内部監査員	社外講師	マニュアル ISO45001規格	チェックリスト評価 理解度確認テスト											□	
緊急対応訓練・テスト(消防計画:火災発生)	全従業員	OHSMS事務局	緊急事態対応計画	対応時間を測定								□				
緊急対応訓練・テスト(負傷者救護)	救護班	危機課長	緊急事態対応計画	実技テスト								□				
法定教育類	都度選定	社外派遣	社外資料	社外研修修了		フォーク □		特化則 □	有機則 □				職長 □			

労働安全衛生法との関連

労働安全衛生法における力量に関連するおもな教育は次のとおりとなる：
- 雇入れ時（作業内容変更時を含む）教育
- 職長教育
- 安全管理者選任時研修
- 化学物質管理者、保護具着用管理責任者
- 衛生管理者免許試験
- 特別教育：研削といし、動力プレス、アーク溶接等、高圧／特別高圧／低圧電気、フォークリフト、小型ボイラー、クレーン、玉掛け、酸素欠乏危険場所、特殊化学設備、エックス線装置、産業用ロボット、廃棄物の焼却施設など
- 技能講習：クレーン、玉掛け、ボイラー、フォークリフト、高所作業車など
- 免許：クレーン、ボイラーなど
- 作業主任者：ガス溶接、ボイラー、エックス線、プレス機械、乾燥設備、はい作業、第一種圧力容器取扱、特定化学物質、鉛、有機溶剤、酸素欠乏危険、石綿など

以下に関連する条文を示す。

雇い入れ時の教育は、労働安全衛生規則で定められる項目を充足しなければならない。また、作業内容を変更したときについて準用されることに注意が必要である。

第3項は特別教育を求めている。

（安全衛生教育）
労働安全衛生法第59条　事業者は、労働者を雇い入れたときは、当該労働者に対し、厚生労働省令で定めるところにより、その従事する業務に関する安全又は衛生のための教育を行なわなければならない。
2　前項の規定は、労働者の作業内容を変更したときについて準用する。
3　事業者は、危険又は有害な業務で、厚生労働省令で定めるものに労働者をつかせるときは、厚生労働省令で定めるところにより、当該業務に関する安全又は衛生のための特別の教育を行なわなければならない。

（雇入れ時等の教育）
労働安全衛生規則第35条　事業者は、労働者を雇い入れ、又は労働者の作業内容を変更したときは、当該労働者に対し、遅滞なく、次の事項のうち当該労働者が従事する業務に関する安全又は衛生のため必要な事項について、教育を行なわなければならない。（中略）
一　機械等、原材料等の危険性又は有害性及びこれらの取扱い方法に関すること。
二　安全装置、有害物抑制装置又は保護具の性能及びこれらの取扱い方法に関すること。

三　作業手順に関すること。

四　作業開始時の点検に関すること。

五　当該業務に関して発生するおそれのある疾病の原因及び予防に関すること。

六　整理、整頓及び清潔の保持に関すること。

七　事故時等における応急措置及び退避に関すること。

八　前各号に掲げるもののほか、当該業務に関する安全又は衛生のために必要な事項

職長教育を満たしていない組織も散見されるので注意が必要である。

労働安全衛生法第60条　事業者は、その事業場の業種が政令で定めるものに該当するときは、新たに職務につくこととなった職長その他の作業中の労働者を直接指導又は監督する者（作業主任者を除く。）に対し、次の事項について、厚生労働省令で定めるところにより、安全又は衛生のための教育を行なわなければならない。

一　作業方法の決定及び労働者の配置に関すること。

二　労働者に対する指導又は監督の方法に関すること。

（以下略）

労働安全衛生法第60条の2　事業者は、前2条に定めるもののほか、その事業場における安全衛生の水準の向上を図るため、危険又は有害な業務に現に就いている者に対し、その従事する業務に関する安全又は衛生のための教育を行うように努めなければならない。

（就業制限）

労働安全衛生法第61条　事業者は、クレーンの運転その他の業務で、政令で定めるものについては、都道府県労働局長の当該業務に係る免許を受けた者又は都道府県労働局長の登録を受けた者が行う当該業務に係る技能講習を修了した者その他厚生労働省令で定める資格を有する者でなければ、当該業務に就かせてはならない。

努力義務ではあるが、安全管理者、衛生管理者などに対して力量向上を図ることが求められている。

（安全管理者等に対する教育等）

労働安全衛生法第19条の2　事業者は、事業場における安全衛生の水準の向上を図るため、安全管理者、衛生管理者、安全衛生推進者、衛生推進者その他労働災害の防止のための業務に従事する者に対し、これらの者が従事する業務に関する能力の向上を図るための教育、講習等を行い、又はこれらを受ける機会を与えるように努めなければならない。

健康教育も努力義務として定められている。

（健康教育等）

労働安全衛生法第69条　事業者は、労働者に対する健康教育及び健康相談その他労働者の
　健康の保持増進を図るため必要な措置を継続的かつ計画的に講ずるように努めなければな
　らない。

受審上のポイント

　審査員は、必要な力量が決定されているか、その力量が充足されているかを確認する。加えて、その力量が業務に活かされているかを確認する。例えば、選任された作業主任者がその職務を果たしているか、特別教育や技能講習に関する無資格運転などはされていないかをサイトツアー時に確認する。

　また、コンプライアンス（箇条6.1.3および9.1.2）に関連して、適用法令等を決定する要員や順守評価を実施する要員が適切な力量を有しているかを確認する。

　審査員は、教育訓練に関しては、有効性が適切に評価されているかを教育記録のみならず、業務状況からも確認する。例えば、個人用保護具が適切に着用されていなければ、教育訓練の有効性が疑わしいと判断する。

「7.3　認識」

本箇条の狙い：

　働く人にOHS方針、OHS目標、危険源、OHSリスク、OHSMSの重要性などを認識させる。

【ポイント解説】

認識の対象者は誰か？：

　本箇条は、請負者や来訪者を含め、パートタイム、季節工、派遣を含めた働く人に、OHS方針、OHS目標をはじめとして、認識（自覚）を持たせることを意図している。“認識”の原文はawarenessである。「理解」、「気付き」とも訳される。

　なお、建設業においては、施工現場に複数の所属の異なる働く人が混在することになる。新規入場者教育を通じて、入構者に対し、安全衛生に関する規定・手順、危険箇所、立ち入り禁止区域、避難方法などを十分に認識させる必要がある。

認識を高める方法は？：

　「認識」とは、OHS方針やOHS目標を暗記することではなく、自らの意識として「安全は最優先」と気付き、行動に繋げることが必要である。

　ちなみに、ISO 14001の附属書A.7.3には「カードを所持することではない」と記されている。審査対応として、社員に環境方針を記したカードを携帯させた組織も多く存在したが、所持させることが目的ではないことは明らかである。

重大な危険がある労働状況から逃れるとは？：

　ｆ）項は、火災・爆発、化学物質の漏洩、建築物の倒壊など自らの命や健康に切迫した危険な状況が発生した場合、その状況から脱する方法と、人命優先で退避したとしても非難されるなど責めを負わないことを認識させることを意味する。

構築ステップ

▶ STEP 1　認識項目を明確にし、OHSMS 導入教育資料を作成する

実施者：OHSMS プロジェクト／事務局

　組織全体に共通する OHS 方針、OHS 目標、OHSMS のメリット、労働災害事例、身を守る措置など、認識させるべき項目を明確にし、「OHSMS 導入教育資料」を作成する。

　また、OHS 方針の掲示と唱和など、その他の認識を高める方法を決定する。

▶ STEP 2　OHSMS 導入教育を実施する

実施者：各部門／事務局

　STEP 1 で作成した「OHSMS 導入教育資料」を使用し、全ての働く人に対して導入教育を実施する。なお、その後は毎年、再教育（リフレッシュ教育）を実施する。また、新入社員に対しても同様の教育を提供する。

　なお、危険源、OHS リスクとそのリスク管理策に関しては、業務内容によって異なるので、各部門は各自の業務上で重要な危険源、リスク、その管理策を認識させる。

✛ヒント！

　近年、ｅラーニングを活用する企業が増えている。所属する者全員に認識を高める教育を提供するのに向いている教育ツールと言える。受講状況が追跡できるのも利点である。ｅラーニング教育受講後には理解度確認テストを実施するシステムであるとさらに有効である。

▶ STEP 3　認識を維持・向上する

実施者：各部門／事務局

　各部門／事務局は、OHS 方針の唱和、労働災害事例の掲示や検討会の開催、安全衛生ニュースの発行など、働く人の認識を常に維持し、向上する施策を講じる。

ABC 社の事例

　ABC 社では、ｅラーニングシステムを利用し、毎年、OHSMS 教育を実施している。教育の最後には理解度確認テストが実施され、基準点を上回らない限り修了できず、再受講するシステムとしている。

　同システムは、全社員の受講状況と理解度確認テスト結果が追跡できるものである。

労働安全衛生法との関連

労働安全衛生法で定める雇入れ時の教育の内容は、次の労働安全衛生規則第35条で定められている。その内容は、力量（箇条7.2）と認識（箇条7.3）の双方に関連するものとなる。例えば、緊急時の応急処置と退避に関することや、5Sについても教育が必要である。

力量（箇条7.2）と認識（箇条7.3）を識別することは意味がなく、両者を通じて働く人の安全行動を高めることが必要である。

（雇入れ時等の教育）

労働安全衛生規則第35条　事業者は、労働者を雇い入れ、又は労働者の作業内容を変更したときは、当該労働者に対し、遅滞なく、次の事項のうち当該労働者が従事する業務に関する安全又は衛生のため必要な事項について、教育を行なわなければならない。（中略）

六　整理、整頓及び清潔の保持に関すること。

七　事故時等における応急措置及び退避に関すること。

（以下略）

受審上のポイント

審査員は、働く人へのインタビューや行動観察によりその認識度合いを評価する。OHS方針を適切に認識しているか、自らの業務に対する危険源、リスク、リスク管理策を理解しているかなどを確認する。

審査において、働く人々が審査員からインタビューを受けることは、大きな緊張をもたらす。これは働く人々の認識を高める絶好の機会となる。審査という"外圧"を上手く活用して組織全体の認識向上に繋げることが期待される。

「7.4　コミュニケーション」
「7.4.1　一般」
「7.4.2　内部コミュニケーション」
「7.4.3　外部コミュニケーション」

本箇条の狙い:

組織内部、請負者・来訪者および外部の利害関係者との間でコミュニケーションのプロセスを構築し、運用する。プロセスには、内容、実施時期、対象者、方法を含む。

その際には法令等要求事項も考慮する。

【ポイント解説】

内部コミュニケーションのポイントは？:

- 103 -

本箇条の内部コミュニケーションは、労働安全衛生法により委員の半数が労働者側であることが求められる安全衛生委員会で多くが満たされる。その安全衛生委員会の決議事項は職場内に伝達されなければならない。

　なお、コミュニケーションは双方向であることが必要である。安全衛生委員会に出席する労働者の代表者が、自らが"労働者を代表して出席している"ことの自覚を持っていないケースは多い。組織は安全衛生委員会の設置や委員構成の意図を事前に確実に認識させる必要がある。

請負者・来訪者とのコミュニケーションの方法は？：

　請負者や職場への来訪者とのコミュニケーションは、多くの事業所において、来場時に受付や守衛所で注意事項などを伝達することで達成されている。組織のサイト内で業務を実施する請負者と見学程度の来訪者は、当然のことながら OHS リスクが異なり、それぞれの状況やサイトや職場が有する OHS リスクの程度を考慮して決定する必要がある。

　なお、建設業の場合は、特に請負者とのコミュニケーションが重要である。建設業の特徴は重層下請構造の下、所属の異なる労働者が同一場所で作業することである。さらに、短期間に作業内容が変化することも労働安全衛生管理を難しいものとしている。それゆえに、災害防止協議会の設置による施工現場における元方事業者の統括的な管理と関係請負人を含めたコミュニケーションが不可欠となる。

法令等要求事項の考慮とは？：

　コミュニケーションのプロセスを構築するとき、法令等要求事項を考慮に入れることが求められている。

　組織は、箇条 6.1.3 で決定した法令等要求事項（特に労働安全衛生法）に従って、内部・外部コミュニケーションを実施しなければならない。例えば、労働安全衛生法に基づいて健康診断を実施した場合、その結果を受診者に対して通知する内部コミュニケーションと労働基準監督署に報告する外部コミュニケーションの両者が必要となる。（P107 以降に代表的な条文を示す）

サステナビリティレポートは対象になるか？：

　サステナビリティレポートの発行も外部コミュニケーションの一つである。

　近年、社会課題への取組みを積極的に開示するためにサステナビリティレポート（社会環境報告書、CSR レポート、統合報告書、ESG レポートなど名称はさまざま）を公表している企業が増えている。

　多くの企業が発行の拠り所としている、「GRI（Global Reporting Initiative）ガイドライン」や「ISO 26000　社会的責任の手引き」において、その開示項目に労働安全衛生が含まれている。

第3章 ● ISO 45001 の理解と OHSMS 構築

構築ステップ

▶ STEP 1　コミュニケーション計画を策定する

実施者：OHSMS プロジェクト／事務局

　箇条 7.4.1 の要求である、内容、実施時期、対象者、方法を含む「コミュニケーション計画」を作成する。法令等要求事項を考慮して、組織内のコミュニケーション、請負者・来訪者とのコミュニケーション、外部の利害関係者とのコミュニケーションを計画する。

✚ヒント！

　単一事業所内の OHSMS であれば、安全衛生委員会をコミュニケーションの中心に据えれば良い。複数の事業所を包含する全社またはグループの OHSMS においては、全社またはグループを統括する機能が必要となる。

　全社安全衛生委員会、中央安全衛生委員会、全社環境安全衛生委員会などの名称で統括機能を設置する。

　その場合でも、労働安全衛生法上において事業所の安全衛生委員会は重要な役割を担わなければならない。全社またはグループ統括機能と事業所の安全衛生委員会が有機的に連携して双方向のコミュニケーションを確立することが必要である。

▶ STEP 2　コミュニケーションを実施する

実施者：各部門／事務局

　STEP 1 で策定した計画に従って、コミュニケーションを実施する。

　なお、必要に応じてコミュニケーションの証拠としてコミュニケーション記録を保持することが求められている。

　労働安全衛生法上求められる安全衛生委員会の議事録のみならず、従業員や請負者の不満や労働基準監督署や消防署などの行政との折衝事項は、記録し保持することが望ましい。

ワークシート⑨

OHS コミュニケーション計画の事例

OHSコミュニケーション計画

内部	外部	項目	コミュニケーション内容	実施時期	発信者	対象者	方法
○		OHSMS委員会（安全衛生委員会を兼ねる）	OHSMSに関する検討、調査、審議	毎月	事務局	OHSMS委員	委員会の開催
○		職場安全衛生委員会	OHSMS委員会の決議事項の周知	毎月	各部門長	全構成員	職場単位で開催
○		OHSニュース	OHSMSに関するトピック	四半期	事務局	全構成員	ニュースペーパーの配信、掲示
○		苦情・不満	OHSに関する苦情や不満の受付	都度	全構成員	働く人→事務局→当該職場	投書箱またはコンプライアンスメール
○		請負業者協議会	構内常駐請負会社との協議	毎月	事務局	構内常駐請負会社代表者	協議会の開催
	○	構内入場者伝達	構内における作業の注意点伝達	入場時	守衛	請負者、来訪者	「構内作業時の注意事項」配布
	○	CSR報告書	安全衛生成績など（GRIに従う）	毎年6月	事務局	ステークホルダー	CSRレポートの作成および配布、HPアップ
	○	計画届	機械類の計画届	30日前	技術部	労働基準監督署	労働安全衛生法第88条による
○		健康診断／ストレスチェック	健康診断／ストレスチェック結果報告	遅滞なく	事務局	受診者	健診／検査機関作成報告書
	○			遅滞なく	事務局	労働基準監督署	安衛則第52条、／52条の21による

ABC 社の事例

第3章 ● ISO 45001 の理解と OHSMS 構築

労働安全衛生法との関連

労働安全衛生法では、次のようなコミュニケーションの例がある：

安全衛生委員会の議事は、労働者に必ず周知しなければならない。

（委員会の会議）

労働安全衛生規則第23条　事業者は、安全委員会、衛生委員会又は安全衛生委員会（以下「委員会」という。）を毎月1回以上開催するようにしなければならない。

2　前項に定めるもののほか、委員会の運営について必要な事項は、委員会が定める。

3　事業者は、委員会の開催の都度、遅滞なく、委員会における議事の概要を次に掲げるいずれかの方法によつて労働者に周知させなければならない。

　　一　常時各作業場の見やすい場所に掲示し、又は備え付けること。

　　二　書面を労働者に交付すること。

　　三　事業者の使用に係る電子計算機に備えられたファイル又は電磁的記録媒体（電磁的記録に係る記録媒体をいう。以下同じ。）をもつて調整するファイルに記録し、かつ、各作業場に労働者が当該記録の内容を常時確認できる機器を設置すること。

4　事業者は、委員会の開催の都度、次に掲げる事項を記録し、これを3年間保存しなければならない。

　　一　委員会の意見及び当該意見を踏まえて講じた措置の内容

　　二　前号に掲げるもののほか、委員会における議事で重要なもの

第1項は法令の概要を周知すること、第4項はSDSを職場に備えることを要求している。

（法令等の周知）

労働安全衛生法第101条　事業者は、この法律及びこれに基づく命令の要旨を常時各作業場の見やすい場所に掲示し、又は備え付けることその他の厚生労働省令で定める方法により、労働者に周知させなければならない。（第2項、第3項　略）

4　事業者は、第57条の2第1項又は第2項の規定により通知された事項を、化学物質、化学物質を含有する製剤その他の物で当該通知された事項に係るものを取り扱う各作業場の見やすい場所に常時掲示し、又は備え付けることその他の厚生労働省令で定める方法により、当該物を取り扱う労働者に周知させなければならない。

健康診断の結果は本人に通知するとともに、労働基準監督署に報告が必要である。

（健康診断の結果の通知）

労働安全衛生法第66条の6　事業者は、第66条第1項から第4項までの規定により行う健康診断を受けた労働者に対し、厚生労働省令で定めるところにより、当該健康診断の結果を通知しなければならない。

（健康診断結果報告）

労働安全衛生規則第52条　常時50人以上の労働者を使用する事業者は、第44条、第45条又は第48条の健康診断（定期のものに限る。）を行なつたときは、遅滞なく、電子情報処理組織を使用して、次に掲げる事項を所轄労働基準監督署長に報告しなければならない。
（以下略）

　多くの組織がその存在を認識していないが、化学物質に関連する工事などを業者（請負人）に依頼する場合、組織（注文者）は、書面により注意事項等を交付しなければならない。

（注文者の講ずべき措置）

労働安全衛生法第31条の2　化学物質、化学物質を含有する製剤その他の物を製造し、又は取り扱う設備で政令で定めるものの改造その他の厚生労働省令で定める作業に係る仕事の注文者は、当該物について、当該仕事に係る請負人の労働者の労働災害を防止するため必要な措置を講じなければならない。

（文書の交付等）

労働安全衛生規則第662条の4　法第31条の2の注文者（その仕事を他の者から請け負わないで注文している者に限る。）は、次の事項を記載した文書（その作成に代えて電磁的記録の作成がされている場合における当該電磁的記録を含む。次項において同じ。）を作成し、これをその請負人に交付しなければならない。
一　法第31条の2に規定する物の危険性及び有害性
二　当該仕事の作業において注意すべき安全又は衛生に関する事項
三　当該仕事の作業について講じた安全又は衛生を確保するための措置
四　当該物の流出その他の事故が発生した場合において講ずべき応急の措置
（以下略）

　労働災害（休業）や火災・爆発などの事故が発生した場合は、労働基準監督署に報告しなければならない。

（事故報告）

労働安全衛生規則第 96 条　事業者は、次の場合は、遅滞なく、様式第 22 号による報告書を所轄労働基準監督署長に提出しなければならない。

　　一　事業場又はその附属建設物内で、次の事故が発生したとき

　　　イ　火災又は爆発の事故（次号の事故を除く。）

　　　ロ　遠心機械、研削といしその他高速回転体の破裂の事故

　　　ハ　機械集材装置、巻上げ機又は索道の鎖又は索の切断の事故

　　　ニ　建設物、附属建設物又は機械集材装置、煙突、高架そう等の倒壊の事故

（以下略）

（労働者死傷病報告）

労働安全衛生規則第 97 条　事業者は、労働者が労働災害その他就業中又は事業場内若しくはその附属建設物内における負傷、窒息又は急性中毒（以下「労働災害等」という。）により死亡し、又は休業したときは、遅滞なく、電子情報処理組織を使用して、次に掲げる事項を所轄労働基準監督署長に報告しなければならない。（以下略）

2　前項の場合において、休業の日数が 4 日に満たないときは、事業者は、同項の規定にかかわらず、1 月から 3 月まで、4 月から 6 月まで、7 月から 9 月まで及び 10 月から 12 月までの期間における当該事実について、それぞれの期間における最後の月の翌月末日までに、電子情報処理組織を使用して、同項各号（第 9 号を除く。）に掲げる事項及び休業日数を所轄労働基準監督署長に報告しなければならない。

フォークリフトなどの作業計画も周知しなければならない。

（作業計画）

労働安全衛生規則第 151 条の 3　事業者は、車両系荷役運搬機械等を用いて作業（不整地運搬車又は貨物自動車を用いて行う道路上の走行の作業を除く。以下第 151 条の 7 までにおいて同じ。）を行うときは、あらかじめ、当該作業に係る場所の広さ及び地形、当該車両系荷役運搬機械等の種類及び能力、荷の種類及び形状等に適応する作業計画を定め、かつ、当該作業計画により作業を行わなければならない。

2　前項の作業計画は、当該車両系荷役運搬機械等の運行経路及び当該車両系荷役運搬機械等による作業の方法が示されているものでなければならない。

3　事業者は、第 1 項の作業計画を定めたときは、前項の規定により示される事項について関係労働者に周知させなければならない。

建設業においては、元方事業者は次のとおりの管理が必要となる。

（特定元方事業者等の講ずべき措置）

労働安全衛生法第30条　特定元方事業者は、その労働者及び関係請負人の労働者の作業が
　同一の場所において行われることによつて生ずる労働災害を防止するため、次の事項に関
　する必要な措置を講じなければならない。
　一　協議組織の設置及び運営を行うこと。
　二　作業間の連絡及び調整を行うこと。
　三　作業場所を巡視すること。
　四　関係請負人が行う労働者の安全又は衛生のための教育に対する指導及び援助を行うこ
　　と。
　（以下略）

（協議組織の設置及び運営）

労働安全衛生規則第635条　特定元方事業者（法第15条第1項の特定元方事業者をいう。
　以下同じ。）は、法第30条第1項第1号の協議組織の設置及び運営については、次に定め
　るところによらなければならない。
　一　特定元方事業者及びすべての関係請負人が参加する協議組織を設置すること。
　二　当該協議組織の会議を定期的に開催すること。
2　関係請負人は、前項の規定により特定元方事業者が設置する協議組織に参加しなければ
　ならない。

（作業間の連絡及び調整）

労働安全衛生規則第636条　特定元方事業者は、法第30条第1項第2号の作業間の連絡及
　び調整については、随時、特定元方事業者と関係請負人との間及び関係請負人相互間にお
　ける連絡及び調整を行なわなければならない。

受審上のポイント

　審査員は、自身が組織の構内に入場する時点から、安全衛生上の注意事項が伝達されているか
など来訪者へのコミュニケーションを確認している。入場時にも審査の開始時やサイトツアーの
実施前にも安全衛生上の注意事項が審査員に伝達されなければ本箇条への対応が懸念されるため、
来訪者に対してのコミュニケーションには注意が必要である。
　また、法令要求を含めて必要なコミュニケーションのプロセスが構築されていることを確認す
る。特に労働基準監督署や消防署からの指導事項などが外部コミュニケーションとして適切に対
応されていることが重要である。

－110－

第3章 ● ISO 45001 の理解と OHSMS 構築

「7.5　文書化した情報」
「7.5.1　一般」
「7.5.2　作成及び更新」
「7.5.3　文書化した情報の管理」

本箇条の狙い：

　ISO 45001 の要求事項と組織が必要とした「文書化した情報」（文書・記録）を作成する。文書化した情報には、紙のみならず電子媒体が含まれる。文書化した情報はレビュー、承認する。また、利用に適した状態とする。

　外部からの文書化した情報を識別し、管理する。

【ポイント解説】

どの程度の「文書」が必要か？：

　附属書 A.7.5 では、「有効性、効率性及び平易性を同時に確保するためには、文書化した情報の複雑さをできる限り最小限に保つことが重要である」と記されている。

　ISO 9001 や ISO 14001 が発行された当初は、多くの組織が膨大な文書を作成した。しかし、審査において、そのマニュアル、規程／規定、手順書を順に確認しても結果として５Ｗ１Ｈが不明な文書が散見された。「誰が」、「いつ」などが不明な文書は意味を持たない。特に文書の主語を明記することは、**箇条 5.3　組織の役割、責任及び権限**とも関連して重要なポイントである。

　文章を書き連ねたものより写真、イラスト、フローチャートなどが働く人の理解を高めることも多い。OHSMS がペーパーワークに陥らぬよう、配慮が必要である。

どの程度の「記録」が必要か？：

　文書化した情報には、記録が含まれる。記録に関して、ISO 45001 の前身の OHSAS 18001 では次のとおり記述されており、組織の実証責任のために記録が必要だということがわかる。

　　組織は，組織の OHSMS 及びこの OHSAS 規格の要求事項への適合並びに達成した結果
　　を実証するのに必要な記録を作成し、維持しなければならない。

　特に米国では、労働安全衛生に関しても訴訟リスクが高く、賠償金が高額なものとなる。また、OSHA（米国労働安全衛生庁）への罰金も莫大なものとなる。それらを回避するためにも記録は重要となる。

　例えば、教育訓練記録に対して受講者にサインを求めるケースも多い。訴訟において、「教わっていなかった」との主張を回避するためである。

　日本においても米国と同様の事態は起こりつつあるのが実態である。労働安全衛生法においても、化学物質に関しては 30 年の保存が義務付けられているものも存在する。より慎重な記録の管理が求められる時代であることを認識して、記録の対象、内容、保管期間を定める必要がある。

-111-

なお、建設現場における新規入場者教育記録では、元方事業者のリスクを回避するために、入場者本人に血圧や健康状態などを含めて記載させているケースもある。

構築ステップ

▶ STEP 1　文書・記録の管理プロセスを作成する

実施者：OHSMS プロジェクト／事務局

OHSMS プロジェクト／事務局は、文書化した情報の管理プロセスを明確にする。なお、既存の QMS や EMS のルールを準用することも有効である。

▶ STEP 2　文書・記録リストを作成する

実施者：事務局

事務局は、STEP 1 のルールに従って、「文書・記録リスト」を作成する。そのリストには、文書の対象・作成者・承認者、記録の対象・作成者・保管場所・保管期間を記述する。

その際には、法令等要求事項による文書・記録を含める。

✚ヒント！

OHS 関連の記録には、健康診断の個人票やストレスチェックの結果など個人情報保護が必要な記録、特別管理物質の作業記録のように 30 年の保存が求められる記録がある。部門ではなく、事業所や全社として保管が必要な記録を見極めることが重要である。

▶ STEP 3　文書化した情報を運用する

実施者：各部門／事務局

STEP 1 のルールと STEP 2 のリストに基づき文書・記録を作成し、維持する。

ワークシート⑩

文書化した情報リストの事例

文書化した情報リスト

ABC 社の事例

ISO条項		種別	文書名	主管部門	承認者	記録名	作成	保管	保管期間
4.1	組織及びその状況の理解					議事録付表	OHSMS委員会	OHS事務局	5年
4.2	働く人・利害関係者のニーズ及び期待の理解					議事録付表	OHSMS委員会	OHS事務局	5年
4.3	OHSMSの適用範囲の決定								
4.4	OHSマネジメントシステム	マニュアル	OHSMSマニュアル	管理責任者	社長				
5.1	リーダーシップ及びコミットメント				社長				
5.2	OHS方針	方針	OHS方針	OHS事務局	社長				
		方針	方針カード	OHS事務局	管理責任者				
5.3	組織の役割、責任及び権限		（各文書類）						
5.4	働く人の協議及び参加					OHSMS委員会議事録	OHSMS委員会	OHS事務局	5年
6.1	リスク及び機会への取組み	規定	リスク及び機会管理規定	OHS事務局	管理責任者	OHS事前審査チェックリスト	OHSMS委員会	OHS事務局	5年
		帳票	リスクアセスメントシート	OHSMS委員会	管理責任者				
		帳票	OHSMS取組み計画シート	OHSMS委員会	管理責任者				
		帳票	法令等要求事項登録表	OHS事務局	管理責任者				
6.2	OHS目標及びそれを達成するための計画策定	帳票	OHS目標・実施計画	部門	管理責任者				

労働安全衛生法との関連

　自主検査や測定の多くの記録は３年間保存、健康診断や面接指導の結果は５年間の保存要求が多い。しかし、特定化学物質障害予防規則における一部の物質の作業環境測定結果や特別管理物質の作業記録のように30年間の保存が義務付けられているものもあり、注意が必要である。

　（書類の保存等）
　労働安全衛生法第103条　事業者は、厚生労働省令で定めるところにより、この法律又はこれに基づく命令の規定に基づいて作成した書類（次項及び第３項の帳簿を除く。）を、保存しなければならない。

受審上のポイント

　多くの組織では、QMS や EMS の文書管理のルールを引用しており、本箇条における不適合は多くない。

　しかし、OHSMS の審査において、所見が多いのが SDS（化学物質の安全データシート）に関するものである。SDS は、労働安全衛生法で職場に備え付けることが義務付けられている。SDS は、法令改正などに伴って改訂されるが、古い SDS が備えられているケースが散見される。SDS は、"OHSMS の計画及び運用のために組織が必要と決定した外部からの文書化した情報"に該当し、適切な最新版管理が必要である。

(7) 「8　運用」

【解説】

本箇条は、PDCA の Do（実行）であり、**箇条 6　計画**において決定した取組み（管理すべき事項）に対する具体的な対応を求めている。箇条 8.1 ではルール（プロセス）を作って守ること、箇条 8.2 では緊急事態に備えることを求めている。

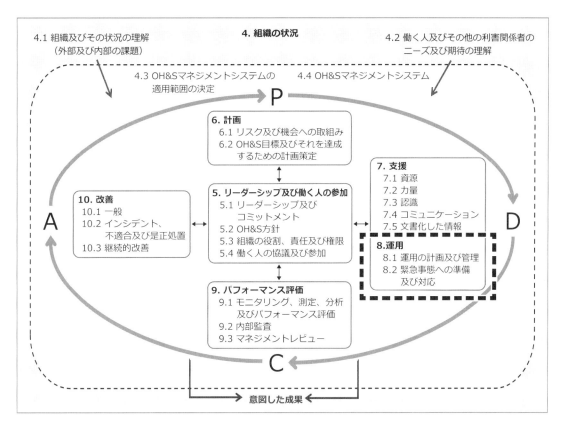

図表 3-32　ISO 45001 構成図（8　運用）

「8.1　運用の計画及び管理」
「8.1.1　一般」
「8.1.2　危険源の除去及び OHS リスクの低減」

本箇条の狙い：

　OHSMS の要求事項を満たし、かつ箇条 6 で決定した取組みを実施するために必要なプロセスを構築し、運用する。（箇条 8.1.1 は、ほぼ附属書 SL のとおり）

　危険源除去と OHS リスク低減のプロセスにおいては、「危険源の除去＞代替＞工学的対策＞

管理的対策＞個人用保護具」の管理策の優先順位を考慮する。（箇条8.1.2は、附属書SLには
ないISO 45001固有の要求）

【ポイント解説】
どのような運用のプロセスが必要か？：
　運用のプロセスには、OHSMSに関するものと、危険源に対するOHSリスク管理策に関する
ものがある。その中でも特に重要なのは、OHSリスクアセスメントにおいて決定したリスク管
理策に関するものである。

どのような手順（書）が必要か？：
　プロセスは、全てを文書化した情報、つまり手順書とする必要はなく、手順書がないと適切な
運用が難しいと考えられる場合には手順書が必要となる。
　また、手順には"基準"の設定が必要である。例えば、手順書の中に「保護具の着用」と記載
したら、運用基準が明確とは言えない。飛来物用安全メガネ、化学物質用ゴーグルなど具体的に
示す必要がある。
　作業従事者向けの手順書は、写真を使うなどして、可能な限り文字を減らして理解の向上に努
めることが必要である。
　多くの組織は、以前から多くのOHS関連の手順書等を所持しているはずである。既存の手順
書等を最大限に活用して、この機会に見直しと体系化を図ることが期待される。

構築ステップ

▶ STEP 1　OHSリスク管理策を決定する

実施者：各部門

　各部門は、箇条6.1に従い、リスクスクアセスメント、法令等要求事項から必要なリスク管理
策を決定する。

✚ヒント！

ISO 45001の前身であるOHSAS 18001のガイドラインOHSAS 18002においては、次のよう
な運用管理が例示されており、参考にしたい。

　　a）一般的な管理手段
　　・施設，機械，設備の定期メンテナンス及び修理
　　・通路のための整理整頓清掃及びメンテナンス
　　・通行マネジメント（車両及び歩行者の区分）
　　・作業場の準備及びメンテナンス
　　・暑熱環境のメンテナンス（温度，空気清浄度）
　　・換気システム及び電気安全システムのメンテナンス

－ 116 －

- 緊急事態対応計画のメンテナンス
- 出張，いじめ，セクシャルハラスメント，薬物及びアルコール中毒などに関連した方針
- 衛生プログラム（健康診断プログラム）
- 特定の管理策の利用に関連した教育訓練及び認識プログラム（例えば，作業許可システム）
- 立入制限

b）危険有害作業の実施

- 手順，作業指示，承認された作業方法の使用
- 適切な設備の使用
- 危険有害作業を行う要員又は請負者の事前資格認定及び／又は教育訓練
- 作業許可システム，事前許可，委任の使用
- 危険有害作業場への出入り制限の手順
- 疾病を予防するための管理策

c）危険有害物質の使用

- 設定された在庫レベル，保管場所及び保管状況
- 危険有害物質の使用状況
- 危険有害物質使用可能エリアの制限
- 確実で安全な保管の規定，及びアクセスの管理
- SDS やその他の関連情報の提供とアクセス
- 放射線源の遮へい
- 生物学的汚染物質の隔離
- 緊急設備の使用と有用性の知識（8.2）

d）施設及び設備

- 不安全状態の拡大を予防する施設，機械，設備の定期メンテナンス及び修理
- 通路のための整理整頓清掃及びメンテナンス，及び通行マネジメント
- 個人用保護具（PPE）の準備，管理及びメンテナンス
- 次のような OH&S 機器の検査とテスト：ガード（安全カバー），転落防止システム，シャットダウンシステム，閉鎖（酸欠）空間からの救助設備，ロックアウトシステム，火災検知と消火装置，暴露監視装置，排気システム，電気安全システム
- 材料荷役装置の検査及びテスト（クレーン，フォークリフト，ホイスト及びその他の荷揚げ装置）

e）物品，設備及びサービスの購買

- 購入する物品，設備及びサービスに対する OH&S 要求事項の制定
- 供給者への組織の OH&S 要求事項の伝達
- 危険有害な化学物質，原材料及び物質の購入や輸送／移動のための事前承認要求事項
- 新規の機械、設備購入のための事前承認要求事項及び仕様
- 使用前の機械、設備の安全な運転，及び／又は，原材料の安全な取扱いのための手順の事前承認

- 供給者の選定と監視
- 受け入れた物品，設備及びサービスの検査，及びそれらの OH&S パフォーマンスの(定期的）検証
- 新規施設の OH&S 準備の設計の承認

f) 請負者
- 請負者の選定基準の制定
- 請負者への組織の OH&S 要求事項のコミュニケーション
- 請負者の OH&S パフォーマンスの評価，監視及び定期的な再評価

g) 職場のその他の外部要員又は来訪者（知識や能力が大きく異なることを考慮）
- 入場管理
- 設備の使用許可に先立つ，彼らの知識と能力の制定
- 必要に応じた，アドバイスや教育訓練の提供
- 警告標識／管理的な対策
- 来訪者の行動監視及び活動監督の方法

▶ STEP 2　共通の OHS 手順を作成する

実施者：OHSMS プロジェクト／事務局

STEP 1 で必要と判断したリスク管理策において、組織内または事業所内で共通して管理する必要があるリスク管理策について手順を作成し、必要に応じて教育訓練を提供する。

▶ STEP 3　個別の OHS 管理策を実施する

実施者：各部門

各部門は、STEP 2 の全社共通手順に従うとともに、自部門の OHS リスクアセスメントで摘出した許容できない OHS 危険源に対応するためのリスク管理策を講じる。

なお、OHS 管理策の策定・実施に際しては、法令等要求事項を踏まえ、箇条 8.1.2 の優先順位（危険源の除去＞代替＞工学的対策＞管理的対策＞個人用保護具）を考慮する。

ABC 社の事例

「個人用保護具（PPE）選定管理手順書」（巻末付録）参照（P 209）

労働安全衛生法との関連

労働安全衛生法の条文は、「それ自体が手順書」と言われるほど詳細に規定されている。例えば、非定常作業への対応に関しては、次のとおりである。通称「ロックアウト・タグアウト」に関連する法令要求である。

第3章 ● ISO 45001 の理解と OHSMS 構築

（掃除等の場合の運転停止等）

労働安全衛生規則第107条　事業者は、機械（刃部を除く。）の掃除、給油、検査、修理又
　　は調整の作業を行う場合において、労働者に危険を及ぼすおそれのあるときは、<u>機械の運</u>
　　<u>転を停止</u>しなければならない。（中略）

2　事業者は、前項の規定により機械の運転を停止したときは、<u>当該機械の起動装置に錠を</u>
　　<u>掛け、当該機械の起動装置に表示板を取り付ける等</u>同項の作業に従事する労働者以外の者
　　が当該機械を運転することを防止するための措置を講じなければならない。

　このように、リスク管理策の立案に関しては、労働安全衛生規則、有機溶剤中毒予防規則、ク
レーン等安全規則など膨大な労働安全衛生法関連規則を順守することを最優先に検討する必要が
ある。

受審上のポイント

　審査において、審査員はサイトツアーを中心に本箇条を確認する。審査員は自らサイトツアー
で OHS リスクの高い危険源をサンプリングし、そのリスク管理策の有効性を検証する。そして、
OHS リスクアセスメント（箇条6.1.1.2）→取組みの計画策定（箇条6.1.4）→リスク管理策（箇
条8.1.2）の整合に着目する。

　リスク管理策のプロセスは、構築のみならず実施と維持も求められており、作業場における保
護具の着用や安全装置の維持など、手順（書）の順守状況も確認する。

「8.1.3　変更の管理」

本箇条の狙い：

　変更管理のプロセスを構築する。変更には「計画的変更」（一時的変更を含む）と、組織が意
図せずに生じた「意図しない変更」がある。

【ポイント解説】

計画的変更とは何か？：

　変更管理は、労働安全衛生を予防的にマネジメントするうえで最も重要な要求事項の一つであ
る。MoC（Management of Change）、事前審査、OHS レビューなどと呼ぶ企業もある。

　「計画的変更」には、機械・設備、化学物質、作業手順、人員、シフトなどの新規導入や変更
が含まれる。また、事前に公布されている法令改正への対応も含まれる。

　多くの組織は、「事前審査申請書」、「化学物質新規導入／変更申請書」、「工程変更申請書」（QMS）
などの名称で実施している。変更管理のプロセスは、ISO 9001、ISO 14001 でも要求事項となっ
ており OHSMS 単独のプロセスに限らず、QMS のプロセス変更に織り込むことや、EMS と合
わせて EHS（環境安全衛生）共通のプロセスとすることでも良い。

－119－

一時的（temporary）変更とは何か？：

計画的変更は、永続的変更のみならず、一時的（temporary）変更も対象となる。

例えば、構内通路の一時的な通行止めにより迂回が必要となる場合や、消火栓や火災報知器などの消防設備の修理による一時的停止などは代表的な事例である。

法令改正への対応は？：

ISO 45001 では、法令や顧客要求事項の改正も計画的変更の対象となる。例えば、近年では労働安全衛生法において、化学物質の自律的管理という大きな法令改正があった。このような改正に対して**箇条 6.1.3　法的要求事項及びその他の要求事項の決定**により改正情報を入手し、本箇条で対応することが必要になる。

計画的変更の法的側面は？：

計画的変更の多くは、法令上の届出や許可申請が必要となる。例えば労働安全衛生法においては第 88 条の計画届が必要となる場合がある。消防法や高圧ガス保安法においても事前の届出や許認可が求められており、変更管理のプロセスの中に法令対応の要否のレビューを含める必要がある。

意図しない変更とは何か？：

「意図しない変更」とは、「計画的な変更」以外を指す。故障、事故、天災などによって生じた変更が対象となり、生じた結果をレビューのうえ対応処置を講じることが必要となる。

例えば、台風で建屋が損壊した場合、非常口、安全通路、火災報知器、作業環境（空調、照明など）など、労働安全衛生に関して大きな変化が生じるであろう。これらの結果をレビューして安全が維持されるよう対応することが必要となる。

構築ステップ

▶ STEP 1　変更管理プロセスを策定または改訂する

実施者：OHSMS プロジェクト／事務局

変更管理のプロセスを策定する。その際には、法令等要求事項への対応（届出や許認可の要否を含む）の必要性をレビューし、法令要求への逸脱や遅延によるコンプライアンス違反を抑止するプロセスを包含する。

✚ヒント！

変更管理のプロセスでは、レビューのタイミングや度合いも重要となる。リスク管理策の投資は、後追いになるほど費用が割高となり、設計時から織り込むことが重要である。

多くの組織では変更管理を投資計画時、設計時、設置時、稼働前などそれぞれのステージで複数回レビューしている。また、レビューは複数の専門家により実施され、投資金額が多い場合は事業所内のレビューに加えて本社によるレビューを実施している組織もある。

第3章 ◉ ISO 45001 の理解と OHSMS 構築

また、変更管理の逸脱を防止する仕組みも重要である。予算を伴う変更の場合、変更管理レビューを受けないと予算が承認されないプロセスとすることが効果的である。

既存の変更管理プロセスに作業の構成や労働力の変更が含まれていない場合は、変更管理プロセスを改訂する。

▶ STEP 2　変更管理プロセスを周知する

実施者：OHSMS プロジェクト／事務局

変更管理プロセスの逸脱を防止するために、各部門に対して変更管理プロセスの制定（新規に変更管理プロセスを導入する場合）または改訂を周知する。

▶ STEP 3　変更管理プロセスを実施する

実施者：各部門／事務局

各部門は、変更に先立ってレビューを事務局に申請する。事務局は変更管理プロセスに従い必要に応じて専門家を招集してレビューを実施する。

ABC 社の事例

変更管理におけるチェックリストの事例

OHS事前審査チェックリスト

プロジェクト内容	事務局	OHS委員長	部門長	事務局	OHS委員長	部門長	事務局	OHS委員長	部門長
	対策確認			対策確認			対策確認		
事前審査メンバー									
確認事項	予算化前審査			設計時審査			稼動前審査		
法規制への対応									
法令に関する届出/許認可が必要か、必要に応じて官庁との事前協議は実施したか									
必要な許認可に対する対応は申請が必要な場合、許可は取得したか									
化学物質については、有機則、特化則、鉛則などの法令を考慮しているか									
危険物、少量危険物について指定数量を考慮しているか									
消防法に関連する建築物の新設変更はないか、許認可は得ているか									
以下略									
OHSパフォーマンスへの対応									
回転駆動部はないか、はさまれ・巻き込まれを考慮してカバー、インターロック、光線式安全装置などが考慮されているか									
前項については、非定常作業についても考慮しているか	—			—					
安全装置の作動は確認したか									
電気設備は過負荷、漏電に対応しているか									

労働安全衛生法との関連

労働安全衛生法では、主要な機械等においては工事開始の30日前までに、その計画を労働基

準監督署に届出しなければならない。30日間は、労働基準監督官が変更を指示できる期間として確保されている。

（計画の届出等）

労働安全衛生法第88条　事業者は、機械等で、危険若しくは有害な作業を必要とするもの、危険な場所において使用するもの又は危険若しくは健康障害を防止するため使用するもののうち、厚生労働省令で定めるものを設置し、若しくは移転し、又はこれらの主要構造部分を変更しようとするときは、その計画を当該工事の開始の日の30日前までに、厚生労働省令で定めるところにより、労働基準監督署長に届け出なければならない。（中略）

（以下略）

受審上のポイント

　審査員は変更管理のプロセスを確認する。そのうえで、変更の事案をサンプリングし、変更管理プロセスが適切に運用されているかを確認する。

　特にサーベイランス審査や再認証審査においては、変更管理に焦点が当てられる。審査員は、前回審査以降の"変更"をヒヤリングし、把握したうえで審査に臨む。

　組織は内部監査においても、前回の内部監査以降の変更の有無を確認し、変更管理プロセスの適切な運用を確認する。

「8.1.4　調達」

「8.1.4.1　一般」

「8.1.4.2　請負者」

「8.1.4.3　外部委託」

本箇条の狙い：

箇条 8.1.4.1

　調達を管理するプロセスを構築、運用する。

箇条 8.1.4.2

　請負者に関連する OHS リスクを評価し、管理するためのプロセスを請負者と調整する。請負者とその働く人が OHSMS の要求事項を満たすことを確実にする。請負者選定基準を定める。

箇条 8.1.4.3

　アウトソース（外部委託）した機能・プロセスが管理されていることを確実にする。

【ポイント解説】

調達管理プロセスの対象は何か？：

　箇条 8.1.4.1 では、原材料、化学物質、機械、設備など、物品類の調達（購買）に関するプロ

－ 122 －

セスが必要となる。それらが職場に導入される前に OHS リスクを低減することが重要である。その事例は次のとおりであり、前箇条の変更管理プロセスとも密接に関係する。

- 仕様を伝え、仕様どおりのものが納入される
- 必要に応じて搬入前に試験が実施される
- 設置（据付け）時に安全を確認するための試運転が実施される
- 取扱い説明書や指示書が伝達される

請負者とは誰か？：

箇条 8.1.4.2 は、請負者に関する要求である。請負者には次のような職種が含まれる：
メンテナンス業者、工事業者、建設業者、警備会社、清掃業者、食堂業者、社会保険労務士、コンサルタント、建設業の下請負事業者

請負者の管理手段は？：

今日、多くの請負者の労働災害が発生していることに注意が必要である。請負者の労働災害とはいえ、自組織の敷地内や元方事業者の立場で発注した業務で請負者に労働災害が発生すると法的、社会的責任を問われることとなり、請負者に対しても厳格な管理が必要となる。

また、請負者自身の労働災害を防止するだけでなく、請負者に起因する自組織の働く人への労働災害を防止する必要がある。そのためには、次のような管理策が必要となる。

- 関連する業務の OHS リスクアセスメント
- 公的資格を含む請負者の選定、資格者証（写）の提出
- 請負契約の締結
- 請負者への要求事項（組織のルール）の伝達
- 入場管理（注意事項伝達と新規入場者教育）
- 作業許可制度（酸欠危険作業、火気使用工事、高所作業、残液工事、重機等機械の持込みなど）

外部委託（アウトソース）はどのように管理するか？：

箇条 8.1.4.3 は、外部委託（アウトソース）に関する要求である。例えば製造業の会社が、構内の工程を製造請負会社に製造委託すること、塗装工程やめっき工程を別会社に委託することをいう。

外部委託した組織において、労働災害や劣悪な作業環境が生じないよう管理することが求められる。ただし、その程度は外部委託先で災害が発生した場合の自社の事業継続への影響や自社が負うサステナビリティ調達リスクに応じて定めればよい。例えば、構内の製造請負会社に対しては、自社と同等の管理が必要となる。一方で、構外で操業し、自社に関連する業務の比率や取引金額が低ければ、OHS に関しても多くを要求することは難しくなる。

多くの組織は外部委託先に対して QCD（品質、コスト、納期）の評価や監査を実施している。QCD に加えて OHS や EHS の評価や監査を実施するのが近年の潮流である（第 1 章参照）。

構築ステップ

▶ STEP 1　調達プロセスを作成する

実施者：OHSMS プロジェクト／事務局

　調達部門と協力して調達基準を定める。既存の調達基準（評価、監査を含む）に OHS 要求を加えることにより達成する。これには外部委託先管理を含める。

▶ STEP 2　請負業者管理プロセスを作成する

実施者：OHSMS プロジェクト／事務局

　請負業者管理プロセスとして構内入場管理のルールと危険作業許可のルールを策定する。

＋ヒント！

　箇条 8.1.4.2 の注記では、「契約文書に OHS 基準を含めておくことは役立ち得る」、と記されている。請負契約書に OHS 上の要求事項やコンプライアンスを記しておく。

▶ STEP 3　請負業者、外部委託先を管理する

実施者：各部門／調達部門／工事管理部門

　調達部門は OHS 事務局と協力し、外部委託先管理を実施する。

　関連部門は協力し、工事などの請負業者管理を実施する。

第 3 章 ● ISO 45001 の理解と OHSMS 構築

ABC 社の事例

作業許可の事例

年　　月　　日

ABC 株式会社　御中

会 社 名：＿＿＿＿＿＿＿＿＿＿＿＿＿＿
申請者名：＿＿＿＿＿＿＿＿＿＿＿＿＿＿

事業所内作業許可申請書

貴社事業所内で作業したく、下記の通り申請いたします。

なお、作業に当たっては、貴社のルールを遵守し、環境安全衛生の確保と情報の保持を誓約いたします。

作　業　名			
作　業　日　時	月　　日（　　）　　：　　　～　　　　月　　日（　　）　　：		
作　業　場　所			
作　業　責　任　者		入　場　者	名（名簿添付）
連　絡　先　電　話		携帯電話	
作　業　内　容			

● リスクアセスメント

該否	項目	対策事項	確認
	火　気　使　用	可燃物養生、消火器準備、	
	酸　欠　作　業	酸欠作業シート添付（換気、酸素濃度測定、作業主任者）	
	高　所　作　業		
	残液設備配管		
	化学物質持込	SDS 提出、	
	防災設備遮断		
	廃　棄　物　発　生		
	排　水　発　生		
	排　ガ　ス　発　生		
	騒音振動発生		

● 工事完了確認

次の確認も含めて作業が完了したので、検収をお願いします。

☐　作業の完了　　　　　　☐　片付け・清掃の完了　　　　☐　原状への復旧
☐　廃棄物の処理　　　　　☐　火気の確認

作業責任者確認サイン：＿＿＿＿＿＿＿＿＿＿＿　　　立会者確認サイン：＿＿＿＿＿＿＿＿＿＿＿

－ 125 －

労働安全衛生法との関連

　製造業の偽装請負が社会問題になったこともあり、発注者は請負労働者に直接、指揮命令をしてはならないことが一般に認知されている。しかし、労働安全衛生に関しては、労働安全衛生法第29条により、「必要な指導を行なわなければならない」とされていることに注意が必要である。

　（元方事業者の講ずべき措置等）
　労働安全衛生法第29条　元方事業者は、関係請負人及び関係請負人の労働者が、当該仕事に関し、この法律又はこれに基づく命令の規定に違反しないよう必要な指導を行なわなければならない。
　2　元方事業者は、関係請負人又は関係請負人の労働者が、当該仕事に関し、この法律又はこれに基づく命令の規定に違反していると認めるときは、是正のため必要な指示を行なわなければならない。
　3　前項の指示を受けた関係請負人又はその労働者は、当該指示に従わなければならない。

　さらに、製造業にて同一作業場で元方事業者と関係請負人の労働者の混在作業によるリスクを回避するために、次の規定がある。

　労働安全衛生法第30条の2　製造業その他政令で定める業種に属する事業（特定事業を除く。）の元方事業者は、その労働者及び関係請負人の労働者の作業が同一の場所において行われることによつて生ずる労働災害を防止するため、作業間の連絡及び調整を行うことに関する措置その他必要な措置を講じなければならない。
　（以下略）

　建設業・造船業では、同じ場所で違う会社の労働者が混在して作業するケースが多いため、特定元方事業者には統括管理が義務付けられている。

　（特定元方事業者等の講ずべき措置）
　労働安全衛生法第30条　特定元方事業者は、その労働者及び関係請負人の労働者の作業が同一の場所において行われることによつて生ずる労働災害を防止するため、次の事項に関する必要な措置を講じなければならない。
　一　協議組織の設置及び運営を行うこと。
　二　作業間の連絡及び調整を行うこと。
　三　作業場所を巡視すること。
　四　関係請負人が行う労働者の安全又は衛生のための教育に対する指導及び援助を行うこと。

第3章 ● ISO 45001 の理解と OHSMS 構築

　五　仕事を行う場所が仕事ごとに異なることを常態とする業種で、厚生労働省令で定める
　　ものに属する事業を行う特定元方事業者にあつては、仕事の工程に関する計画及び作業
　　場所における機械、設備等の配置に関する計画を作成するとともに、当該機械、設備等
　　を使用する作業に関し関係請負人がこの法律又はこれに基づく命令の規定に基づき講ず
　　べき措置についての指導を行うこと。
　六　前各号に掲げるもののほか、当該労働災害を防止するため必要な事項
（以下略）

受審上のポイント

　審査員は、構内の請負業者、社外の外部委託先をどのように管理しているかを確認する。取引
先評価、委託契約書、サプライヤー監査結果などを確認することもある。

　また、構内における工事業者やメンテナンス業者の管理状況を確認する。特に酸素欠乏危険作
業、火気使用作業など OHS リスクが高い作業に関しては、プロセス（手順）のみならず、工事
などの案件をサンプリングして記録類を確認することもある。

「8.2　緊急事態への準備及び対応」

本箇条の狙い：
　潜在的な緊急事態への準備・対応のプロセスを構築、運用する。計画的な対応手順を確立し、
教育訓練、演習を提供し、定期的にテスト・訓練する。

【ポイント解説】
労働安全衛生上の緊急事態とは何か？：
　本箇条は、**箇条 6.1.2.1　危険源の特定**で特定された緊急事態への対応を求めている。なお、
OHSAS 18002 で例示されていた緊急事態は次のとおりである。
　・重大な負傷や疾病を引き起こす発生事象
　・火災・爆発
　・危険有害物質／ガスの漏洩
　・自然災害、悪天候
　・ユーティリティの遮断（例：停電など）
　・伝染病のパンデミック／伝染／突発
　・市民暴動／テロ／サボタージュ／職場暴力
　・重要な設備の故障
　・交通事故

　この中でも負傷者の発生は全ての組織に共通する緊急事態対応である。誰が応急処置をするの

－ 127 －

か、どのような判断で救急車を呼ぶのかなど明確に対応を定めなければならない。

法令上考慮すべきことは？：

組織が特定した緊急事態に対応するためのプロセスを作成する際には、適用法令を考慮することも重要である。消防法に基づく「消防計画」、高圧ガス保安法に基づく「危害予防規程」などとの整合を図ることが必要である。

また、消防署（消防、救急）との連携を考慮することも必要である。組織の事業所で対応できることと、消防署に依頼することの境界を明確にしなければならない。

教育訓練、テスト、演習とは？：

本箇条では、緊急事態対応プロセスに対して、応急処置を含めた教育訓練（training）、計画された対応能力のテスト及び演習（exercising）を実施すること、すべての働く人に義務と責任を伝達することを求めている。

教育訓練（training）：ある技術や能力を習得および向上するために行われる「練習」「訓練」

演習（exercising）：既に習得した技能をさらに上達させるために繰り返し行う「練習」「訓練」

テスト（testing）：手順や備品などの準備が役に立つのか試すこと

構築ステップ

▶ STEP 1 緊急事態を特定し、対応を準備する（全社共通）

実施者：OHSMS プロジェクト／事務局

全社共通の緊急事態特定（箇条6）および対応の手順を作成し、対応備品類を備える。負傷者対応（応急処置と救急車の要請）は必須となる。

事業所においては、「消防計画」（防災組織を含む）を見直し、OHSMS との整合を図る。

▶ STEP 2 緊急事態を特定し、対応を準備する（各部門）

実施者：各部門

部門固有の緊急事態（漏洩など）対応の手順を作成し、対応備品類を備える。

▶ STEP 3 テストおよび訓練／演習を実施する

実施者：各部門／事務局

STEP 1 と STEP 2 で策定した手順に対して、テスト・訓練／演習を実施する。

✚ ヒント！

箇条 8.2 e）では、すべての働く人に自らの義務・責任を伝達することが求められている。多くの組織において、働く人が「消防計画」に基づく自衛消防隊の役割・責任（例：初期消火班、避難誘導班、応急救護班、通報連絡班など）を十分に認識していない。防災訓練などの折に認識を高める必要がある。

第 3 章 ● ISO 45001 の理解と OHSMS 構築

ABC 社の事例

　ABC 社では緊急対応チーム（ERT：Emergency Response Team）を組織し、訓練に努めている。その役割は次のとおりである。

応急手当と蘇生措置（人工呼吸など）
- 消防署が到着するまで、負傷者に基本的な応急手当を施す。
- 必要に応じて蘇生措置を講じる。
- 負傷した従業員を医療機関に送る際に同行する。
- 消防署の指示に従い支援する。
- 緊急対応チームに必要とされる応急手当設備と備品を点検、維持する。

化学物質事故
- 大量または主管部門の能力を超える化学物質の漏洩や放出を食い止め、浄化する。
- 必要な避難が容易にできるよう援助する。
- 危険有害物質事故に対し、現場対応指揮者の指示に従い発生部門を支援する。
- 緊急対応チームに必要とされる漏洩対応設備や備品を点検、維持する。

自衛消火初期対応
- 初期火災の拡まりを食い止める、または最小化する。
- 消火器、消火栓による初期消火を行う。
- 消防署の消火、救助活動を支援する。
- 必要な避難が容易にできるよう援助する。
- 緊急対応チームに必要とされる火災対応設備や備品を点検、維持する。

酸素欠乏危険区域内の救助
- 酸素欠乏危険区域内で被災者を救助する。

労働安全衛生法との関連

　労働安全衛生規則では、救急に関して次の規定があり、救急用具の使用方法の労働者への周知が求められている。

　（救急用具）
　労働安全衛生規則第 633 条　事業者は、負傷者の手当に必要な救急用具及び材料を備え、その備付け場所及び使用方法を労働者に周知させなければならない。
　2　事業者は、前項の救急用具及び材料を常時清潔に保たなければならない。

　また、労働安全衛生規則では、避難等の訓練を義務付ける建設工事がある。

- 129 -

（避難等の訓練）

労働安全衛生規則第389条の11　事業者は、切羽までの距離が100メートル（可燃性ガスが存在して爆発又は火災が生ずるおそれのあるずい道等以外のずい道等にあつては、500メートル）以上となるずい道等に係るずい道等の建設の作業を行うときは、落盤、出水、ガス爆発、火災等が生じたときに備えるため、関係者に対し、当該ずい道等の切羽までの距離が100メートルに達するまでの期間内に1回、及びその後6月以内ごとに1回、避難及び消火の訓練（以下「避難等の訓練」という。）を行わなければならない。

（以下略）

（避難の訓練）

労働安全衛生規則第575条の16　事業者は、土石流危険河川において建設工事の作業を行うときは、土石流が発生したときに備えるため、当該作業に関係する者に対し、工事開始後遅滞なく1回、及びその後6月以内ごとに1回、避難の訓練を行わなければならない。

（以下略）

受審上のポイント

　審査員は、緊急事態がどのように特定され、対応手順や備品などが準備され、訓練や演習が実施され、その結果がレビューされているかを確認する。

　また、労働災害が発生していたら、その後の対応が手順に従っているか、手順の有効性がレビューされているかを確認する。

　審査技法の一つとして、デモンストレーションを求める方法がある。「ここで、この物質が漏れたらどうするのか」、「この警報が発報したらどう対応するか」などの質問により、対応備品（個人用保護具を含む）の準備状況や対応手順の理解の程度を確認することもある。

　内部監査においても同様な技法を使用し、関係する要員の理解を高めることが期待される。

(8)「9 パフォーマンス評価」

【解説】

箇条 9 は、PDCA の Check（チェック、評価）に位置する。パフォーマンスとは、**箇条 3 用語及び定義** 3.27 にて、「測定可能な結果」とされている。Plan、Do の結果を評価するのが本箇条の目的である。

パフォーマンス評価とは、『評価対象の「適切性」、「妥当性」及び「有効性」を確定する活動である』と附属書 A.9.1.1 に記されている。それらは、附属書 A.9.3 に次のとおり示されている。

「適切性」、「妥当性」、「有効性」の定義は次のとおりとなる。

適切性：OHSMS が組織、組織の業務、組織の文化やビジネスシステムに合っているか
妥当性：OHSMS が十分なレベルで実施されているか
有効性：OHSMS が意図した成果を達成しているか

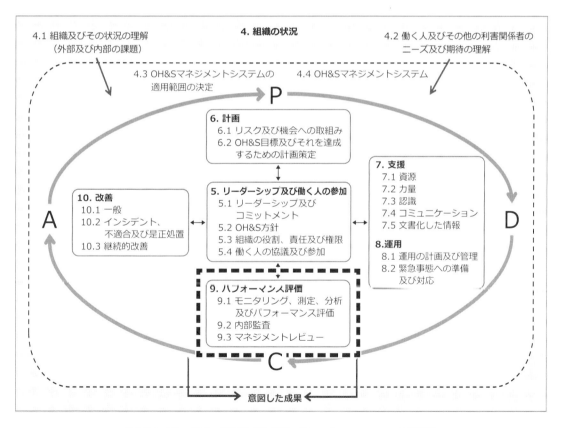

図表 3-33　ISO 45001 構成図（9. パフォーマンス評価）

「9.1　モニタリング、測定、分析及びパフォーマンス評価」
「9.1.1　一般」

本箇条の狙い：

　モニタリング、測定、分析及びパフォーマンス評価のためのプロセスを構築、運用する。モニタリング、測定の対象は、「法令等要求事項の充足度」、「危険源やリスク及び機会の活動・運用」、「OHS目標達成の進捗」、「運用・管理策の有効性」である。

　また、OHSパフォーマンスを評価し、OHSMSの有効性を判断する。

【ポイント解説】
モニタリング、測定、分析、評価とは何を指すのか？：

　モニタリング、測定、分析、パフォーマンス評価の意味や事例は、**図表3-39**のとおりとなる。

図表3-34　モニタリング、測定、分析、評価の意味と事例

用語	意味	事例
モニタリング	システム、プロセス又は活動の状態を決定すること 「測定」を繰り返し決められた間隔で続けること	インタビュー、文書レビュー、業務観察、安全衛生巡視、健康診断、定期自主検査、作業環境測定の推移
測定	値を決定するプロセス	作業環境測定（化学物質、騒音、照度など）、危険源からの要求安全距離の測定、血圧・血中濃度測定、聴力測定、圧力容器の肉厚測定
分析	関係、パターン、傾向を明らかにするためにデータを調査するプロセス	作業環境測定の統計処理、労働災害統計
評価	対象の適切性、妥当性及び有効性を確定する活動	評価基準をベースにOHS目標の達成／未達成を判定

　これらを組み合わせて、OHSMSの有効性を判断することが求められている。

法的要求事項及びその他の要求事項が満たされている度合いとは何か？：

　a）1）の「法的要求事項及びその他の要求事項が満たされている度合い」とは、主として次の2点をモニタリングすることを意図している。

① **箇条6.1.3　法的要求事項及びその他の要求事項の決定**と関連し、組織に適用されると決定した法令等要求事項が十分か、法令の制定や改正などがないか

② **箇条9.1.2　順守評価**と関連し、コンプライアンスにおけるギャップ（不順守）の状況はどうか。不順守事項の是正の進捗状況も含めて、不順守○件、順守率○％などのようにモニ

－ 132 －

タリングすることが必要である。

どのようなモニタリング、測定、分析があり得るか？：

OHSAS 18002 では、reactive measures（事後対応的指標）と proactive measures（事前予防的指標）に分けて次のような監視と測定事項が例示されており、参考になる。

【事後対応的指標】
- 疾病の監視
- 労働災害（傷害、疾病）発生件数、発生率
- 度数率（100 万延実労働時間当たりの労働災害による死傷者数）
- 強度率（1,000 延実労働時間当たりの労働損失日数）
- 規制当局の評価により要求された処置
- 利害関係者からのコメントの受領に続く処置

【事前予防的指標】
- 法的及びその他の要求事項の順守状況の評価
- 職場の安全巡視及び安全点検の結果の効果的活用
- OH&S 教育訓練の有効性の評価
- OH&S 行動観察の活用（Behavioral Based Safety Observation）
- OH&S 文化及び関連する社員満足度を評価するための認知調査の活用（カルチャーサーベイなど）
- 内部監査及び外部監査の結果の効果的活用
- 法定検査又はその他の検査の計画どおりの完了
- 実施計画（OHS 目標に関する）が実施されている程度
- 社員参加プロセスの有効性
- 健康診断の活用
- 暴露のモデリング及びモニタリング（作業環境測定）
- OH&S グッドプラクティスのベンチマーキング
- 作業活動評価

OHSMS の有効性はどのように決定するか？：

本箇条における OHSMS の有効性の決定は、**箇条9.3　マネジメントレビュー**のアウトプットで求められる OHSMS の有効性と共通している。本箇条で得られた結果をトップマネジメントにインプットして、マネジメントレビューにおいて OHSMS の有効性の結論を得ることも一つの手法である。

- 133 -

構築ステップ

▶ STEP 1　モニタリング・測定・分析・評価の計画を策定する

実施者：OHSMS プロジェクト／事務局

　法令等要求事項と箇条6.1.4で策定した取組みの計画を考慮のうえ、モニタリング、測定、分析、評価の計画を策定する。計画には、対象、方法、評価基準、実施時期、分析・評価・コミュニケーションの時期を含める。

　なお、OHS 目標の計画進捗と達成度は、箇条6.2.2で策定した計画書に実績を付記することで対応する。

▶ STEP 2　モニタリング・測定を実施し、分析・評価する

実施者：各担当者／安全衛生委員会／OHSMS プロジェクト

　STEP 1の計画で指定された担当者は、計画に従ってモニタリングと測定を実施する。その結果は安全衛生委員会およびOHSMS プロジェクトにて分析、評価する。

　これらの結果は、マネジメントレビューのインプット情報とする。

▶ STEP 3　モニタリング・測定・分析・評価の結果を行政に報告する

実施者：OHSMS プロジェクト／事務局／各担当者

　箇条6.1.3の法令等要求事項の決定、箇条7.4のコミュニケーションと関連して、モニタリング・測定・分析・評価の結果は、労働基準監督署、消防署などに報告する。例として、健康診断、ストレスチェック、消防設備点検などが対象となる。

▶ STEP 4　モニタリング・測定機器を保守、校正する

実施者：OHSMS プロジェクト／事務局／各担当者

　OHSMS に関連するモニタリング・測定機器を抽出し、保守・校正の計画を策定する。計画で指名された担当者は、保守・校正を実施する。また、その記録を保持する。

✚ヒント！

　保守・校正が適切でないケースが散見されるのが、酸素欠乏防止用の酸素濃度計である。センサーのメーカー保証は1~2年程度であり、定期的な保守が必要であるが、適切に実施されていないケースが散見される。生命に直結する重要な機器であり、使用頻度が低いからこそ適切な管理が必要である。

　なお、モニタリング・測定機器の校正について、ISO 45001 では ISO 9001 のように国家計量標準に対するトレーサビリティを要求していない。しかしながら、生命にかかわるモニタリング・測定機器に対しては、十分な精度管理が期待される。

ワークシート①

監視及び測定計画の事例

監視及び測定計画

ABC 社の事例

管理項目	監視・測定対象	法定	自主	監視・測定項目	監視・測定方法	基準	監視・測定者	時期	分析・評価・コミュニケーション
災害件数	災害件数	○		不休災害件数	事故報告書	前年比半減	事務局	随時	OHSMS委員会に報告
		○		休業災害件数	事故報告書	0件	事務局	随時	同上
	災害指標		○	度数率	災害件数より	前年比半減	事務局	毎月	同上
			○	強度率	災害件数より	前年比半減	事務局	毎月	同上
	無災害日数		○	無災害日数	災害件数より	継続	事務局	毎月	同上
コンプライアンス	法令改正		○	改正の有無	実施計画による	—	事務局	毎月	OHSMS委員会に報告
	法令違反		○	順守率	是正状況確認	>95%	事務局		同上
OHS目標	目標の進捗		○	実施計画の進捗状況	実施計画による	同左	部門長	毎月	「OHS目標→OHSMS委員会」による
管理策の有効性	法定巡視	○		総括安全衛生管理者巡視	職場巡視	違反なし	総括安全衛生管理者	毎月	集計→OHSMS委員会
		○		安全管理者巡視	職場巡視	違反なし	安全管理者	毎月	同上
		○		衛生管理者巡視	職場巡視	違反なし	衛生管理者	毎週	同上
		○		産業医巡視	職場巡視	違反なし	産業医	毎月	同上
	自主活動		○	安全パトロール	チェックリスト	指摘半減	安全衛生委員	毎月	同上
			○	ヒヤリハット提案	ヒヤリハットシート	50%増	事務局・全従業員	随時	内容、推移分析
作業環境測定	法定作業環境測定	○		有機溶剤	サンプリング・測定	管理区分Ⅰ	事務局・○○測定(株)	4,10月	OHSMS委員会に報告
	自主測定		○	照度測定	照度計による	>500lx	事務局	5月	OHSMS委員会に報告
健康診断等	一般健康診断	○		一般健診	医師による	受診率100%	総務:検診センター	5月	本人、労基署に報告
	特殊健康診断	○		有機溶剤	医師による	受診率100%	総務:検診センター	6,12月	本人、労基署に報告
	ストレスチェック	○		ストレス度	専門機関による	前年以下	総務:専門機関		分析、本人、労基署に報告
定期点検	性能検査	○		ボイラー	性能検査	合格	技術部:ボイラー協会	4月	
		○		クレーン	性能検査	合格	技術部:クレーン協会	6月	
	定期自主検査	○		ボイラー月次点検	点検表による	異常なし	技術部	毎月	
		○		クレーン月次点検	点検表による	異常なし	技術部	毎月	
		○		クレーン作業開始前点検	点検表による	異常なし	技術部	毎日	

労働安全衛生法との関連

労働安全衛生法と関連規則では、モニタリング、測定、分析として、巡視、作業環境測定、健康診断、ストレスチェック、定期自主検査（月次、年次）、特定自主検査、始業前点検を求めている。

受審上のポイント

審査員は、OHS目標達成に向けた進捗を、箇条6.2とともに、計画と実績を合わせて確認する。計画の進捗遅れやOHS目標が未達成の場合は、箇条10.2の是正処置の状況も確認する。

また、法定／自主的なモニタリング、測定とそれらの分析・評価の状況を確認する。その結果、不適合が検出された場合は、OHS目標と同様に箇条10.2に従って是正処置が取られていることを確認する。

また、ガス濃度計などのモニタリング、測定機器が校正、検証され、記録が保持されていることを確認する。特に酸素欠乏症防止のための酸素濃度計などの非定常時に用いるモニタリング、測定機器は注意が必要である。

「9.1.2　順守評価」

本箇条の狙い：
法令等要求事項の順守状況を評価するためのプロセスを構築、運用する。

【ポイント解説】
なぜ、順守評価が重要か？：
本箇条は、コンプライアンスを担保するための重要な要求である。箇条6.1.3で決定した法令等要求事項の順守状況を評価し、その結果を記録する。ISO 45001やISO 14001の認証取得企業において、コンプライアンス違反が生じている理由の多くは、有効な順守評価が実施されていないことによる。

誰が順守評価を実施するのか？：
「誰が順守評価するか」、は重要である。多くの組織では、「最も法令に詳しい」という理由でOHS担当者が順守評価を実施している。しかし、自分の業務を自分で評価することはガバナンスの点から望ましくない。

附属書A.7.2では、法令等要求事項に関する力量にも言及している。特に労働安全衛生法は広範かつ詳細な要求があり、順守評価をする要員の力量は不可欠である。労働安全衛生法は、例えば保護具の着用など労働者の順守事項も規定しており、記録のみならず、現場での順守状況を評価できる力量が必要となる。

多くのグローバル企業は、日本法人の順守評価を社外の専門家に委託している。社内に力量を

-136-

有する要員がいない場合は社外の専門家の利用も検討すると良い。

評価の対象は？：

評価の対象は、測定、届出、許認可など文書や記録のみが対象ではない。特に労働安全衛生法は広範に規定をしており、文書や記録以外にも現場の状況を評価しなければならない項目が膨大に存在する。例えば、労働安全衛生規則では次のような事例がある：

- 第 101 条：機械の原動機、回転軸、歯車などに覆いや囲いを設けなければならない。→機械を確認して安全カバーやインターロックが適切であるか評価する。
- 第 518 条：高さが 2 メートル以上の高所で作業床を設けることが困難なときは、安全帯の着用などの墜落防止措置を講じなければならない。→作業状況を確認し、ハーネス等が適切に着用されていることを評価する。
- 第 540 条：安全通路を設け、常時有効に保持しなければならない。→通路を確認し、床面の損傷や濡れの有無や、障害物が置かれていないかを評価する。

順守評価の結果の記録は？：

ISO 45001 や ISO 14001 の順守評価の記録では、○×のみを記している組織も散見される。コンプライアンスに関する重要な評価であり、それでは十分とはいえない。日本では現時点では訴訟リスクは高くないが、以前のような「怪我と弁当は自分持ち」の時代ではない。順守評価の結果は、**箇条 9.3　マネジメントレビュー**において、トップマネジメントに報告が求められている。トップマネジメントに自信をもって「コンプライアンスは問題ない」、「この点に不順守がある」と報告できるレベルとする必要がある。

順守評価の記録では、順守／不順守と評価した"証拠"を明確に記述することが期待される。なお、現場の評価ではデジタルカメラの活用も有効である。

構築ステップ

▶ STEP 1　順守評価プロセスを作成する

実施者：OHSMS プロジェクト／事務局

OHSMS プロジェクト／事務局は、順守評価のプロセスを決定する。法令等要求事項に応じて担当者、頻度、方法を定める。すべての要求を同じ頻度で実施する必要はない。

順守評価をするためのチェックリスト（プロトコル）を用意する。箇条 6.1.3 で作成したリストを活用するとよい。

✛ヒント！

前述のとおり、労働安全衛生法に対する順守評価は、届出、教育、自主検査など記録を確認するものと、現場の状況を確認するものがある。現場の状況については、法定巡視や安全パトロールも順守評価に充当可能である。ただし、漫然と不安全状態を見出すのではなく、チェックリスト（プロトコル）を使用して、法令要求への順守状況を確認することが重要である。

▶ STEP 2　順守評価を実施する

実施者：指定された担当者／OHSMS プロジェクト／事務局

STEP 1 で定めたプロセスに従って、指定された力量を有する者が順守評価を実施する。事務局は、順守評価結果を取り纏め、OHSMS プロジェクトにて結果をレビューする。

不順守事項については、是正処置を依頼する。

▶ STEP 3　不順守事項を是正する

実施者：各部門／事務局

各部門／事務局は、順守評価により検出された違反事項に対して是正処置を実施する。是正処置が完了しない場合は、是正計画を策定し、必要に応じて行政と協議し合意を得る。

ABC 社の事例

順守評価計画において、現場での確認と記録類の確認を分けて実施している。

現場における従事者の行動に対する順守評価は、毎月の安全衛生委員会の巡視の際に実施する。例えば、10 月は有機則、11 月はクレーン則など毎月法令を定め、チェックリストに基づいて実施する。安全衛生委員会の委員に対しては、事前に当月の法令の解説を実施しているため、法令知識の向上にも寄与している。

一方、定期自主検査、健康診断などの記録類の順守評価は、年次で実施している。

なお、OHS 事務局の業務に対する順守評価は、社内には OHS 事務局以上に労働安全衛生法に関する力量を有する者がおらず、労働基準監督署への届出等を客観的に順守評価することが困難であるため、社外の専門家を利用している。

労働安全衛生法との関連

労働安全衛生法では、法律を守ることは最低基準だと記している。

（事業者等の責務）

労働安全衛生法第 3 条　事業者は、単にこの<u>法律で定める労働災害の防止のための最低基準</u>を守るだけでなく、快適な職場環境の実現と労働条件の改善を通じて職場における労働者の安全と健康を確保するようにしなければならない。（以下略）

受審上のポイント

ISO 45001 の認証審査は、コンプライアンス監査ではない。審査員は、OHSMS における順守評価の有効性を検証するための確認となる。

審査において、膨大な要求を規定する労働安全衛生法をはじめとする適用法令に対する順守評価の結果を審査員がすべて確認することは不可能である。審査員はインシデントの発生状況や

- 138 -

OHS リスクアセスメントなどの結果、そしてサイトツアーで特にリスクが高いと考えられるリスクを勘案してサンプリングにより順守評価の状況を確認する。違法状態であるのに適法と評価されていたり、重要な法令が適用法令として順守評価の対象となっていないなどの場合は不適合と判断することもあり得る。

また、順守評価の対象は適用法令に限らない。「その他の要求事項」に対しても適切な順守評価が実施されていることを確認する。

ISO 45001 の認証は、重大な法令違反がないことが前提となる。是正処置が完了せず、違法状態が残留する場合、認証機関は、組織が是正計画について労働基準監督署や消防署から了承を得ることを条件にする場合もある。

「9.2　内部監査」
「9.2.1　一般」
「9.2.2　内部監査プログラム」

本箇条の狙い：

OHSMS に関して、次の状況を確認するために内部監査を実施する。

・ISO 45001 と組織自体が定めた OHSMS の要求事項への適合性
・OHSMS の有効性

注記　監査に関する詳しい情報は、ISO 19011 マネジメントシステム監査に関するガイドラインを参照のこと。

【ポイント解説】
監査とは何か？：

監査の定義とは、「監査基準が満たされている程度を判定するために、監査証拠を収集し、それを客観的に評価するための体系的で、独立し、文書化されたプロセス」(ISO 19011「マネジメントシステム監査のための指針」) である。「監査基準」と「監査証拠」が揃わなければ監査にはならない。

OHSMS に関する「監査基準」は次のとおりである：

・ISO 45001
・ISO 45001 に基づいて組織が構築した OHSMS のルール (OHSMS マニュアル、手順書など)
・組織が適用されると決定した法令等要求事項

以上の「監査基準」に対して「監査証拠」を収集して評価するという、監査の基本を忘れてはならない。

監査証拠はどのように収集するのか？：

　ISO 19011 では、監査の流れは**図表 3-35** のとおり示されている。「監査証拠」は、「監査の情報源」から収集する。ISO 19011 では、その「監査の情報源」は、文書や記録に限らず、作業の観察や要員へのインタビューなどが挙げられている。より多くの時間を会議室より現場に充当し、作業の観察や要員へのインタビューに割くことが期待される。

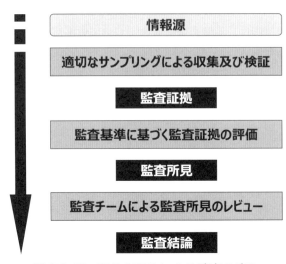

図表 3-35　ISO 19011 による監査の流れ

　しかし、一般的には ISO の内部監査というと文書・記録の確認が中心であると思われている。それは、ISO 認証機関による ISO 9001 や ISO 14001 の審査が、多くの場合文書や記録に偏重しており、その審査を受けた組織は、「ISO の審査や監査とは文書・記録を確認するもの」と考えて、OHSMS の内部監査でも同様の監査をしているのである。

　海外の ISO 審査員や OHS 監査員は、日本の ISO 審査員よりはるかに現場を観察していることを認識しなければならない。

　例えば、教育訓練の有効性を監査する場合、教育訓練記録を確認するのみで適合とは判断できない。現場の作業状況を確認し、例えば、個人用保護具を着用していない従事者がいれば、記録上は十分でも教育訓練の有効性は低いと判断する必要がある。

監査の情報源はどのようにサンプリングするのか？：

　監査においてすべての証拠を確認することは一般的に不可能である。そのため、対象となる情報源からサンプリングにより監査証拠を収集する。このサンプリングは、ランダムにサンプリングするのではなく、リスクベースで行うべきである。

　例えば、OHS 方針の理解度をインタビューで確認するのであれば、新入社員（特に中途入社）や非正規社員を優先すべきであろう。

　化学物質の管理状況を監査するのであれば、危険有害性が高い化学物質や使用量の多い化学物質をサンプリングすべきである。

内部監査に求められているのは、"適合性"の検証だけではない。OHSMSが意図した成果を達成しているか、"有効性"の検証も求められていることを認識して、サンプリングしなければならない。

監査プログラムはどのように作成するか？：
　箇条9.2.2では「監査プログラム」を要求している。監査プログラムとは、ISO 19011によれば、「特定の目的に向けた、決められた期間内で実行するように計画された一つ以上の監査の取決め」とされている。ちなみに、ISO認証機関は、認証組織に対する審査プログラムを3年単位で策定している。それは、認証周期を3年としているからである。

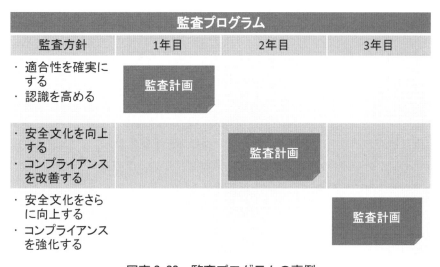

図表3-36　監査プログラムの事例

　一般的に、OHSMSの意図した成果は単年度で達成されるものではなく、監査プログラムも1回のみの内部監査が対象ではないであろう。「監査プログラム」と単発の「監査計画」は異なることを認識する必要がある。
　監査プログラムと監査計画が重要なのは、監査の時間と資源が限られているからである。監査を実施するには監査員、被監査組織、事務局の膨大な時間と労力が必要であり、それらは無限ではない。限られた時間と資源を可能な限り有効に配分するために監査プログラムと監査計画が重要となる。

「有効に実施され維持されている」はどのように監査するか？：
　要求事項にしたがって文書や記録を確認するのみでは、OHSリスク低減に寄与する内部監査にはならない。現場のOHSリスクから、リスクアセスメント、手順、教育など、OHSMSの各要素が役立っているか、有効性を確認することが重要である。

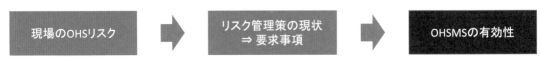

図表 3-37　OHSMS 監査のレベルアップ

構築ステップ

▶ STEP 1　OHSMS 内部監査プロセスを策定する

実施者：OHSMS プロジェクト／事務局／安全衛生委員会

　OHSMS 内部監査のプロセスを策定し、そのプロセスを手順化する。それは、ISO 19011 に従うが、既存の QMS や EMS の内部監査のルール（規程、規定、手順書）を準用することでも良い。
　内部監査プロセスは、安全衛生委員会の承認を得る。

▶ STEP 2　OHSMS 内部監査プログラムを策定する

実施者：OHS 管理責任者／OHSMS プロジェクト／事務局／安全衛生委員会

　OHSMS 内部監査プログラムを策定する。通常は 3 年程度が望ましい。現状と到達点を考慮し、監査方針や重点項目を明確にする。例えば、OHSMS の適合性を確実にする、安全文化に焦点を当てる、コンプライアンスを強化する、のように組織の状況を考慮する。内部監査員の力量、人数、必要な監査日数など必要な資源も明確にする。
　内部監査プログラムは、安全衛生委員会の承認を得る。

▶ STEP 3　OHSMS 内部監査員を養成する

実施者：OHSMS プロジェクト／事務局

　STEP 2 で定めたプログラムに従い、必要な力量を保有する OHSMS 監査員を養成する。監査員の力量は、ISO 19011 を参照する。

＋ヒント！

　ISO 9001 や ISO 14001 などのマネジメントシステム監査員であれば、マネジメントシステムや監査手法に関する力量が確保できているので、ISO 45001 要求事項の理解、現場において OHS リスクや監査証拠を見出せる力量、労働安全衛生法に関する知識を付加すればよい。

第 3 章 ● ISO 45001 の理解と OHSMS 構築

▶ STEP 4　内部監査の準備をする

実施者：OHSMS プロジェクト／事務局／内部監査チームリーダー

　STEP 2 で策定した内部監査プログラムに基づき、OHSMS 内部監査計画を策定する。STEP 3 で養成した OHSMS 内部監査員から監査チームリーダーとメンバーを選任する。

　監査チームリーダーは事務局と協力して、内部監査計画の策定、内部監査チェックリストの作成、被監査部門への周知、内部監査チームミーティングなど内部監査の準備を行う。

▶ STEP 5　内部監査を実施し、是正処置の指示、内部監査結果の報告をする

実施者：内部監査チーム

　内部監査チームリーダーの指揮のもと、STEP 4 で策定した監査計画にしたがって、内部監査を実施する。

　内部監査チームリーダーは、監査結果の不適合に対して被監査部門に是正処置（箇条 10.2）を指示する。

　内部監査チームリーダーは、内部監査の結果を、OHS 管理責任者を通じてトップマネジメント（マネジメントレビューのインプット）と安全衛生委員会に報告する。

▶ STEP 6　是正処置の有効性をレビューする

実施者：内部監査チーム／ OHS 管理責任者

　内部監査チームは、被監査部門が策定した是正処置計画をレビューし承認する。

　是正処置完了の報告を受けたら、その有効性をレビューする。その際には必要に応じて、現場を確認する。最終的に内部監査チームリーダーが是正処置の有効性確認と内部監査の完了を判断し、OHS 管理責任者に報告する。

　OHS 管理責任者は、監査の完了を承認する。また、OHS 内部監査の有効性を評価し、次回の OHS 内部監査の改善に繋げる。

ABC社の事例

OHS内部監査員教育にバーチャルサイトツアーを採り入れている。これは、現場の状況を撮影した写真を用いて、監査トレイル（監査の道筋）を描くトレーニングである。

図表3-38　バーチャルサイトツアー・トレーニング教材の事例

【監査の着眼点の例】
- リスクアセスメントは適切か（箇条6.1.2.2）
- 従事者は危険源とリスクを認識しているか（箇条7.3）
- 法令要求事項は理解されているか（箇条6.1.3）
- 呼吸用保護具は適切に選定されているか（箇条8.1）、着用者に教育されているか（箇条7.2）
- 非常停止装置は点検されているか（箇条9.1.1）
- 局所排気装置の定期自主検査は実施されているか（箇条9.1.1）
- 緊急事態（負傷者発生）の対応は理解されているか（箇条8.2）

労働安全衛生法との関連

厚生労働省は、2006年に「労働安全衛生マネジメントシステムに関する指針（OSHMS指針）」を発行、2019年に改正している。これは、ILO（国際労働機関）のOSHMSに関するガイドラインに準拠しており、システム監査が含まれている。この指針は労働安全衛生規則の次の条文に基づき発行されている。

　（自主的活動の促進のための指針）
　労働安全衛生規則第24条の2　厚生労働大臣は、事業場における安全衛生の水準の向上を図ることを目的として事業者が一連の過程を定めて行う次に掲げる自主的活動を促進するため必要な指針を公表することができる。

第3章 ● ISO 45001 の理解と OHSMS 構築

一 安全衛生に関する方針の表明
二 法第28条の2第1項又は第57条の3第1項及び第2項の危険性又は有害性等の調査
　及びその結果に基づき講ずる措置
三 安全衛生に関する目標の設定
四 安全衛生に関する計画の作成、実施、評価及び改善

受審上のポイント

　認証機関による審査は、サンプリングで実施される。そのためには、組織による内部監査が全部門、全要求事項を網羅していることが大前提となる。審査員は、内部監査プロセス（規程、手順書など）、内部監査計画、内部監査チェックリスト、内部監査報告書により実施状況を確認する。

　箇条9.2.1では、内部監査に対して適合性のみならず有効性が求められており、審査員は、組織の内部監査が有効性を検証しているかも確認する。

　審査員は、自らの審査所見と組織の内部監査員の所見を比較することにより、組織の内部監査のレベルを推定する。当然、指摘すべき所見が挙げられていなかったとしたら、内部監査の有効性に疑問を呈することとなる。

「9.3　マネジメントレビュー」

本箇条の狙い：

　トップマネジメントは、OHSMS が適切、妥当かつ有効であることを確実にするために、マネジメントレビューを実施する。

　マネジメントレビューのアウトプットは、働く人に伝達する。

【ポイント解説】

マネジメントレビューでレビューすべき対象は？：

　箇条5.1　リーダーシップ及びコミットメントとも関連して、マネジメントレビューは、トップマネジメントの重要な役割である。

　マネジメントレビューでは、適切性、妥当性、有効性をレビューすることが求められている。特に重要な OHSMS の有効性のレビューとは、OHSMS が「意図した成果」を達成しているか否かを判断することである。（附属書 A.9.3）

　なお、初回認証審査（第2段階審査）までには、a）～g）まで全てを網羅する必要がある。

マネジメントレビューでレビューに含めるべき項目は？：

　有効なマネジメントレビューのためには、OHS 管理責任者がトップマネジメントに箇条9.3の要求事項a）からg）の項目（以下、インプット情報）をわかりやすく伝達する必要がある。

　インプット情報は、すべてを同時にトップマネジメントに報告する必要はない。例えば、毎月

- 145 -

の安全衛生委員会でタイミングに応じて報告しレビューすることでも良い。(附属書 A.9.3)

　なお、初回認証審査(第 2 段階審査)までには、a)〜g)まで全てを網羅する必要がある。

マネジメントレビューにおける「継続的改善の機会」とは？：

　インプット(提案)項目に「継続的改善(のための)機会」(opportunities for continual improvement)があり、アプトプット(決断)項目に「継続的改善の機会」(continual improvement opportunities)がある。

　これは、**箇条 6.1.2.3　OHS 機会及び OHSMS に対するその他の機会の評価**において、評価した「機会」をマネジメントレビューにおいてトップマネジメントに提案し、トップマネジメントが何を「継続的改善の機会」とするか決断することを意図している。

マネジメントレビューで何をアウトプットするか？：

　トップマネジメントは組織の OHSMS が、組織に合っているか(適切性)、運用されているか(妥当性)、役立っているか(有効性)を決定する。形式的に実施するのではなく、サステナビリティの一要素として、業績(売上、利益など)と同レベルでレビューすることが期待される。

　その他にも、変更は必要か、必要な資源はないか、そして継続的改善の機会を決定することが求められている。

構築ステップ

▶ STEP 1　インプット情報を準備する

実施者：OHSMS プロジェクト／事務局／ OHS 管理責任者

　OHSMS プロジェクト／事務局は、ISO 45001 の要求事項に従ってインプット情報を整理し、OHS 管理責任者に伝達する。

▶ STEP 2　マネジメントレビューを実施する

実施者：OHS 管理責任者／トップマネジメント

　OHS 管理責任者は、トップマネジメントに STEP 1 で取り纏めたインプット情報を説明する。

　トップマネジメントは、STEP 1 により提供されたインプット情報をレビューし、適切性、妥当性、有効性を高めるためにアウトプット(指示)を出す。

▶ STEP 3　アウトプットを伝達する

実施者：事務局

　事務局は、トップマネジメントのマネジメントレビューのアウトプットを働く人および関連する利害関係者に伝達する。また、そのアウトプットを安全衛生委員会に報告する。

　安全衛生委員会は、当年のアウトプットを OHS 目標に反映するなどして OHSMS の改善に繋げる。

ABC 社の事例

マネジメントレビューは、毎月の安全衛生委員会においてテーマを定めてインプット項目を報告し、レビューしている。年度末の安全衛生委員会で総括レビューを実施している。

労働安全衛生法との関連

安全委員会の付議事項は労働安全衛生規則第21条、衛生委員会の付議事項は労働安全衛生規則第22条に定められている。その中の次の項目は、マネジメントレビューのインプット事項のうち、OHS パフォーマンスに関する情報に該当する。

（安全委員会の付議事項）
労働安全衛生規則第21条　法第17条第1項第3号の労働者の危険の防止に関する重要事項には、次の事項が含まれるものとする。（中略）
二　法第28条の2第1項又は第57条の3第1項及び第2項の危険性又は有害性等の調査及びその結果に基づき講ずる措置のうち、安全に係るものに関すること。（中略）
五　厚生労働大臣、都道府県労働局長、労働基準監督署長、労働基準監督官又は産業安全専門官から文書により命令、指示、勧告又は指導を受けた事項のうち、労働者の危険の防止に関すること。

（衛生委員会の付議事項）
労働安全衛生規則第22条　法第18条第1項第4号の労働者の健康障害の防止及び健康の保持増進に関する重要事項には、次の事項が含まれるものとする。（中略）
二　法第28条の2第1項又は第57条の3第1項及び第2項の危険性又は有害性等の調査及びその結果に基づき講ずる措置のうち、衛生に係るものに関すること。（中略）
五　法第57条の4第1項及び第57条の5第1項の規定により行われる有害性の調査並びにその結果に対する対策の樹立に関すること。
六　法第65条第1項又は第5項の規定により行われる作業環境測定の結果及びその結果の評価に基づく対策の樹立に関すること。
七　定期に行われる健康診断、法第66条第4項の規定による指示を受けて行われる臨時の健康診断、法第66条の2の自ら受けた健康診断及び法に基づく他の省令の規定に基づいて行われる医師の診断、診察又は処置の結果並びにその結果に対する対策の樹立に関すること。（中略）
九　長時間にわたる労働による労働者の健康障害の防止を図るための対策の樹立に関すること。（以下略）

受審上のポイント

　審査員は、トップマネジメントに対するトップインタビューにおいて、トップマネジメントがOHSMSの有効性をどのように認識しているか確認する。そのうえで、マネジメントレビューで何をアウトプットし、それがOHSMSの改善にどのように反映されているかを確認する。他人事のようなトップマネジメントのアウトプットは少なくない。トップインタビューは、審査員にとってトップマネジメントのマネジメントシステムへの理解やリーダーシップの度合いを測る重要な機会となる。

　審査員は、OHS管理責任者／事務局審査において、マネジメントレビューのインプット事項が箇条9.3を満たしていることを確認する。インプットの中には、箇条4.1の「外部・内部の課題」、箇条4.2の「利害関係者のニーズ・期待」、箇条6.1の「リスク・機会の"変化"」が含まれている。これらがトップマネジメントに適切にインプットされ理解されていることを確認する。

　トップマネジメントからの重要なアウトプットがある場合、審査員はそれらが働く人に伝達されていることを、働く人へのインタビューにより確認することもある。社内メールでの回示やイントラネットへのアップのみで十分に伝達されているとは限らないからである。

(9)「10 改善」

【解説】

本箇条は、PDCA の Act(アクション、改善)に位置する。災害の発生および PDCA の「C」、**箇条 9 パフォーマンス評価**で見出された不適合や改善の機会を継続的改善に繋げる重要な箇条である。

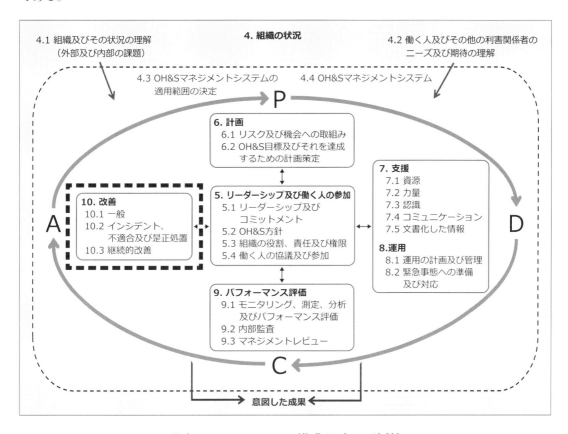

図表 3-39　ISO 45001 構成図(10. 改善)

「10.1　一般」
「10.2　インシデント、不適合及び是正処置」
「10.3　継続的改善」

本箇条の狙い:

箇条 10.1

　OHSMS の意図した成果を達成するために、改善の機会(箇条 9)を決定し取組む。

箇条 10.2

インシデントと不適合を決定し、管理するためのプロセスを構築、運用する。

箇条 10.3

OHSMS の適切性、妥当性、有効性を継続的に改善する。

【ポイント解説】

インシデントとは何か？：

インシデントとは、労働災害（傷害、疾病）に加え、ニアミスが含まれる。ニアミスとは、日本で言うヒヤリハットのことであるが、"想像ヒヤリ"などと呼ばれる出来事が起きていない想像のみのヒヤリハットは含まれない。実際に発生した事象が対象である。

インシデント調査のポイントは？：

「組織の OHSMS の成熟度は、インシデント調査の内容を確認すれば判断できる」と言われるほどインシデント調査は重要である。

第 1 章で記したとおり、インシデントの原因を当事者の不安全行動のみに限定し、経営層や管理者層の反省が不足している場合、その組織の OHSMS は成熟していないと言わざるを得ない。適切なインシデント調査を実施することが重要である。

インシデントとリスクアセスメントの関係は？：

インシデントが発生したら、必要に応じて OHS リスクアセスメント、OHSMS リスク評価をレビューすることが求められている。「インシデントに関連する危険源が特定されていない」、「OHS リスクが低く評価されている」などの状況があれば、OHS リスクアセスメントの有効性を改善しなければならない。

また、インシデントの再発防止のために、例えば、「安全カバーを設置する」、「排気装置を改善する」など、危険源に変化が生じ、また新たな危険源が発生する場合は、対策を実施する前にOHS リスクアセスメントを実施し、OHS リスクが許容レベルに低減することを確認するまでは、対策に着手してはならない。

インシデント以外の不適合への対応は？：

OHS 内部監査の指摘事項を含むインシデント以外の OHSMS に対する不適合の是正も根本原因の調査が重要であることは同様である。根本原因を掘り下げて OHSMS の欠陥を除去することが継続的改善に繋がる。

なお、箇条 10.2 における、「必要に応じて OHS リスク及び OHSMS リスクの既存の評価をレビューする」、「対策実施前に、危険源に関連する OHS リスクを評価する」は、インシデント以外の不適合も同様である。これらは、ISO 14001 や ISO 9001 には存在しない要求なので注意が必要である。

OHS ／ OHSMS リスクのレビューと OHS リスク評価を「是正処置要求書」などの様式に含めておくのも一つの解決策である。

対策の有効性のレビューとは？：

インシデントの再発防止対策およびそれ以外の是正処置に対して、有効性のレビューが求められている。

重要度の高い不適合に対しては、是正処置報告書などの文書や記録の確認のみならず、現場の運用状況を確認することが期待される。また、一度のみの確認にとどまらず、安全パトロールなどを通じて中長期的に確認が必要な場合も考えられる。

箇条 10.1 の意図は？：

箇条 10.1 は、原理原則を示している。箇条 9（PDCA の Check）により「改善の機会」を探し続け、決定することが必要である。実は、ここで特定した「改善の"機会"」は**箇条 6.1.2.3 OHS 機会及び OHSMS に対するその他の機会の評価**に関連する。

改善とは、附属書 A.10.1 によれば、是正処置にとどまらず、継続的改善、ブレークスルーによる変革、革新（イノベーション）、組織再編が含まれ、箇条 6.1.2.3 に寄与する。

継続的改善とは？：

継続的改善（continual improvement）は、continuous（連続した、絶え間ない、途切れずに続く）ではなく、continual（断続的な、絶えず繰り返される）な改善が求められている。

「継続的改善」は OHS 方針においてもコミットメントしている OHSMS の成果でもある。OHS パフォーマンスとして労働災害やコンプライアンスの向上に資する OHSMS でなければ意味はない。

「OHSMS を支える文化を推進する」ことが求められているが、第 1 章で記したとおり、安全文化は組織の基礎となるものであり、経営層のリーダーシップとコミットメントなしに醸成できるものではない。

継続的改善の結果の証拠としては、次のようなものが挙げられる：

- 労働災害、ニアミスの状況
- OHS リスクアセスメントの結果
- コンプライアンスの状況（不順守事項の低減）
- 安全文化サーベイの結果
- 資格取得者の人数
- 作業環境測定結果
- 安全パトロールの指摘件数
- 外部監査や内部監査の所見

構築ステップ

▶ STEP 1　継続的改善のプロセスを作成する

実施者：OHSMS プロジェクト／事務局

　OHSMSがどのように継続的改善を達成するのか、そのアウトラインを策定する。OHSパフォーマンス向上、安全文化の推進、働く人の参加などを通じて、何を道標に改善を目指すのかを経営層と意思疎通する。

▶ STEP 2　インシデント調査、是正処置のプロセスを作成する

実施者：OHSMS プロジェクト／事務局

　インシデント調査、是正処置のプロセスを作成する。なお、インシデント調査の手順では、発生部門任せにせず安全衛生委員会も加わるなど、インシデントの重大性に応じた調査者と報告のタイミング（速報、詳細）を定める。また、「災害報告書」と「是正処置要求書」の様式は、修正処置、原因究明、是正処置などの要求を満たすよう作成する。

▶ STEP 3　インシデント調査のトレーニングを実施する

実施者：OHSMS プロジェクト／事務局

　インシデント調査は被災者へのヒヤリングなど力量が必要であり、関係者に対するトレーニングを実施する。

第3章 ● ISO 45001 の理解と OHSMS 構築

ABC 社の事例

インシデント調査書の事例

インシデント調査・報告書

□傷害　□疾病　□ニアミス　　　　　　　　　　年　　　月　　　日

社長	総務部	OHS事務局	部門長	起票者

発生日時	年　　　月　　　日（　　）　午前・午後　　　時　　　分				
発生場所					
被災者	所　属		氏名		性別　男・女　年齢　　　才
			勤続　　　　年	経験	
	勤務状態	常昼勤務・交替勤務（朝・昼・夜）第　　　日目・休出（時間内・時間外）			
程　度	□死亡　□休業（　　日見込）　　□不休業／就業制限　　□応急処置（赤チン）				
作業形態	定常・非定常・緊急・臨時・その他（　　　　　）		作業手順書の有無		有・無
負傷部位					
負傷内容					
発生及び対応状況	事実を時系列に記述				
直接原因	危険源とその作用				

1

－ 153 －

間接原因	不安全行動		不安全状態	
	不適切な業務技能		不適切な職場レイアウト	
	安全ルール違反		不安全なプロセス	
	不着用／不適切な保護具		不十分な危険源のガード	
	制限のない業務の履行		不適切なメンテナンス	
	警告／安全化の失敗		不適切／損傷の保護具	
	不適切な早さでの作業		不適切な排気装置	
	安全装置のバイパス(カット)		欠陥がある道具／設備	
	制御装置の不使用		通路の妨害	
	不適切な荷積み／保管		平坦でない床面	
	不適切な重量物取扱い		滑りやすい床面	
	稼動中の設備への投入		過度な騒音	
	悪ふざけ		不十分な5S	
	アルコール／薬物使用		不十分な照明	
	特記事項		特記事項	

根本原因	マネジメントの欠陥

是正処置	対策内容	責任者	期限	効果確認
	事象に対する対策			
	マネジメントシステムの改善			

リスクアセスメント	是正前	是正後

2

第3章 ● ISO 45001 の理解と OHSMS 構築

労働安全衛生法との関連

労働安全衛生法では、労働災害の原因と再発防止策を安全衛生委員会で調査審議することを求めている。

（安全委員会）

労働安全衛生法第17条　事業者は、政令で定める業種及び規模の事業場ごとに、次の事項を調査審議させ、事業者に対し意見を述べさせるため、安全委員会を設けなければならない。
　一　労働者の危険を防止するための基本となるべき対策に関すること。
　二　労働災害の原因及び再発防止対策で、安全に係るものに関すること。
（以下略）

（衛生委員会）

労働安全衛生法第18条　事業者は、政令で定める規模の事業場ごとに、次の事項を調査審議させ、事業者に対し意見を述べさせるため、衛生委員会を設けなければならない。
　一　労働者の健康障害を防止するための基本となるべき対策に関すること。
　二　労働者の健康の保持増進を図るための基本となるべき対策に関すること。
　三　労働災害の原因及び再発防止対策で、衛生に係るものに関すること。
（以下略）

受審上のポイント

審査員の多くは、審査の冒頭にインシデントの発生状況を確認する。インシデントが発生している場合、インシデント報告書を精緻に検証する。どのように事実を把握しているか、どのような根本原因分析手法を用いているのか、結果として根本原因にたどり着いているのかを確認する。必要に応じてサイトツアーにおいて当該現場を確認し、十分な再発防止策が講じられていることを確認する。

また、内部監査の所見に対する是正処置においては、適切に根本原因が追究されているかを確認する。

- 155 -

第4章 リスクアセスメント 実務ガイド

　本章では、ISO 45001に基づくOHSMSにおいて、最も注力を必要とし、最も誤解の多いOHSリスクアセスメント（危険源の特定、OHSリスクの評価）を特集する。

　なぜ誤解が生じているのか、なぜ労働災害の防止に寄与していないのか、そしてどのように改善すべきか、実務的に解説する。

　なお、本章では「OHSリスクアセスメント」を「リスクアセスメント」と記す。

1. なぜ、リスクアセスメントは役に立たないのか

　筆者がとても多くの組織からご相談をいただくのは、「労働災害が発生するとそのリスク（危険源）がリスクアセスメントの俎上に載っていない。どうしたら良いのか。」というものである。多くの時間と労力を割いて何百、何千というリスクを評価しているのにその努力が報われないのである。

　そこで、当該組織のリスクアセスメントの結果を拝見すると、その理由は明白である。ISO 45001 が要求するリスクアセスメントではなく、「危ないところ探し」になっているからである。

　その原因には、日本で長い間実施されてきた危険予知（KY）との混同がある。危険予知とリスクアセスメントの相違を**次表**に示す。

図表 4-1　危険予知とリスクアセスメントの相違点

項目	危険予知	リスクアセスメント
実施主体	作業方法、作業環境、作業条件を与えられる側（作業従事者）	作業方法、作業環境、作業条件を与える側（管理者）
出発点	危ないと思ったところ	危険源
タイミング	作業前	作業方法、作業環境、作業条件の決定時

　多くの組織はリスクアセスメントの実施に際して ISO 45001 が求める重要なポイントを押さえていない。ISO 45001 の箇条 6.1.2 は［危険源の特定並びにリスク及び機会の評価］である。このタイトルのとおり箇条 6.1.2.1 は［危険源の特定］である。それにもかかわらず、危険予知の前例に倣い「危ないところ探し」をしているのである。

　加えて、リスクアセスメントの実施主体が誤っている。リスクアセスメントは、「作業、作業環境、作業条件を与える側（管理者）」が実施するものである。したがって、その結果として安全カバーを設置したり、従事者数を増員するなど、有効なリスク管理策を講じることが可能となる。

　一方で危険予知は、「作業、作業環境、作業条件を与えられる側（作業従事者）」が実施するものである。与えられた環境や条件の下でリスクを回避することを考えるものである。

　多くの組織は、この相違を理解していないため、リスクアセスメントを作業従事者（監督者を含む）に丸投げしてしまう。

　すると、リスクアセスメントの実施を指示されたリスクアセスメントを正しく理解していない作業従事者は従来の危険予知の延長で「危ないところ探し」をするのである。

　なぜ、「危ないところ探し」では駄目かを**次図**で示す。

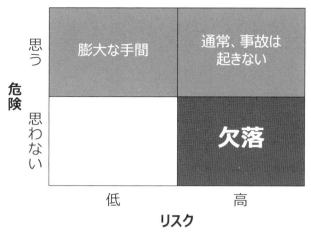

図表 4-2　危険とリスクの相違

　通常、「危ない」と思うくらいであれば留意して仕事をするので、労働災害には至らない。「危ない」と思わないが、実はリスクが高い右下の危険源をリスクアセスメントの俎上に載せる必要があるのにそれが叶わない。
　では、何故にリスクが高いのに「危ない」と思わないのだろうか？　そこには人間に備わっている**正常性バイアス**という特性が働いていると考えられる。

　正常性バイアス：自分にとって都合の悪い情報を無視したり過小評価したりする特性

　例として、大多数の人々は自分が所有する自動車を見てもリスクが高いとは思わない。自動車事故で年間2,500人以上の人が亡くなっているにも関わらずである。運転の際に、「ブレーキが効かなくなったらどうしよう」、「対向車が車線をはみ出して向かってきたらどうしよう」などと心配していたら神経がすり減って車の運転などできなくなってしまう。そのため、私たちには無意識に「大丈夫、運転は危険ではない」、「自分は大丈夫」という心を安寧に保つ特性、つまり正常性バイアスが働くのである。
　正常性バイアスは、簡単な言葉で表すと「原風景化」と言える。
　最初は危ないと感じていた機械や化学物質などもその職場で毎日働いていると原風景化し、もはや危ないとは思わなくなってしまう。であるから、既に自職場が原風景化している作業従事者のみにリスクアセスメントを委ねるのは愚の骨頂ともいえる。
　濱田勉氏（元愛知労働局労働基準部安全課長）は著書『**安全はマネジメント**』（労働調査会）の中で次の名言を残している。

　　　　危険予知をどんなに充実させても、やがてリスクアセスメントになることはない

2. 誰がリスクアセスメントをするのか

　前項のとおり、作業従事者のみに委ねるリスクアセスメントでは最悪の結果を免れることはできない。では何故にISO 45001は箇条5.4［働く人の協議及び参加］において、被管理職にリスクアセスメントへの参加を求めているのだろうか。その理由は、多くの管理者は、部下の仕事を詳細に把握していないことにある。特に日本においては、「改善」が重要な課題となり、作業従事者の創意工夫が重用されるため上司が部下の作業を把握することを難しくしている。

　したがって、リスクアセスメントは次のようなメンバーで実施されることが期待される。

図表4-3　リスクアセスメントのメンバーと参加の意図

メンバー	参加の意図
作業従事者	作業内容を最も理解している。ただし、リスクの認識は原風景化していて難しい
管理者	作業の実態を把握していないケースも多いが、リスクアセスメントの結果に基づきリスク管理策を講じる責任を有す
リスクアセスメントの手法を理解する人	力量が認定されていることが望ましい
労働安全衛生法などOHS法令を知る人	必要に応じて法令面を支援
機械、電気、化学など危険源の特質に詳しい人	必要に応じて技術面を支援
安全衛生委員会	調査審議事項にリスクアセスメントに関することが含まれている

　内部統制では、「**リスクアセスメントの最大の目的は対話の場を作ること**」と言われている。リスクアセスメントを通して上記のメンバーが対話することが重要である。

　なお、安全衛生委員会では、その付議事項として「危険性又は有害性等の調査及びその結果に基づき講ずる措置」の調査審議が求められており（安衛則第21条、22条）、安全衛生委員会の委員も重要なメンバーとなる。

　また、安全管理者・衛生管理者は法定巡視で、OHSMS内部監査員は内部監査においてリスクアセスメントを改善する重要な関係者となる。

3. リスクアセスメントのステップ

ISO 45001 の要求に基づくリスクアセスメントのステップは、**次図**のとおりである。

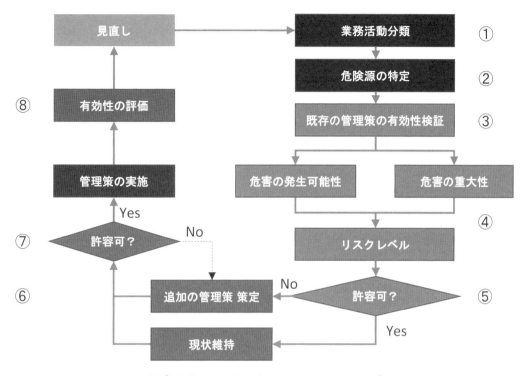

図表 4-4　リスクアセスメントのステップ

【危険源の特定】箇条 6.1.2.1
① 職場でどのような業務が実施されているかを洗い出す
② ①の業務において、どのような危険源が存在するか特定する

【OHS リスク評価】箇条 6.1.2.2
③ ③で特定した危険源に対して、既存のリスク管理策の有効性を検証する
④ どのような危害（負傷、疾病）が起こり得るかを特定し、その危害の「発生の可能性」と「結果の重大性」を見積る
⑤ OHS リスクが許容可能か否かを判定する

【危険源の除去及び OHS リスクの低減】箇条 8.1.2
⑥ 許容できないリスクに対して管理策の優先順位に従ってリスク管理策を策定する

【リスク管理策の OHS リスク評価と有効性の評価】箇条 10.2
⑦ リスク管理策の実施前に OHS リスクを評価する
⑧ リスク管理策の有効性を評価する

4. どのように危険源を特定するのか

リスクアセスメントでは危険源の特定が最も重要なプロセスとなる。しかし、原風景化に抗って危険源を特定することは容易なことではない。

労働災害が発生するには、絶対に不可欠な二つの要素がある。二つのどちらかが欠ければ労働災害は発生しない。

・怪我や病気になる**人**

・人を怪我や病気に至らしめる**エネルギー**

組織はエネルギーを使用して仕事をしている。主として次のようなエネルギーが使用されている。

図表 4-5　仕事で使用されるエネルギーの種類

エネルギーの種類	概要
運動エネルギー	機械の駆動部分や回転する機械、走行する車両、移動や飛来する物体などが該当する。これらは挟まれ・巻き込まれ、衝突の危害を生じさせる。
電気エネルギー	電気設備や配線がある場所。電気が通っている箇所をまず認識し、絶縁の状態などを確認する前に、エネルギーそのものの存在に注目する。
位置エネルギー	高所での作業や、落下の可能性がある物体の位置。高さが増すほど危害のリスクが増す。
化学エネルギー	化学物質や薬品などが持つエネルギー。濃度や使用量によってリスクが大きく異なる。
圧力エネルギー	空気圧や油圧が加わっている場所が該当する。例えば、空気圧のホースや油圧システムに着目することが必要。
弾性エネルギー	スプリングや伸びたゴムなど弾性変形をした物体が持つエネルギーで、突然の解放や破壊が危害をもたらす。
重力エネルギー	重いものが高所にある場合の落下リスクである。上に吊るされたものや、プレス機械などが含まれる。
熱エネルギー	高温の装置や化学反応で発生する熱である。火傷や爆発のリスクを伴うことが多い。
放射エネルギー	レーザーやX線のような放射エネルギーも危険源である。広義には紫外線などの光エネルギー、超音波なども含まれる。
生物学的エネルギー	病原体やバイオハザードである。
人体エネルギー	人の筋力や動きに伴うエネルギー。たとえば段差につまずくのは、人体エネルギーを段差が異なる方向に変換して転倒に至る。刃物で切傷するのは、人の動きを刃物がせん断エネルギーに変換するためである。

- 162 -

これらのエネルギーが人に向かうと、私たちの身体は物理的に脆弱でエネルギーを受け止めきれずに怪我や病気に至るのである。

したがって、**危険源とはエネルギーを持つもの**と言える。危険源の特定においては、エネルギーを持つものに着目する。

ただし、重要なポイントとして、リスクアセスメントの対象となる作業や職場のすべてのエネルギーを危険源として特定するのは合理的ではない。重篤な危害に至る大きなエネルギーを優先する必要がある。小さなエネルギーは危険予知やヒヤリハット提案など、ボトムアップ型の施策に委ねることが得策である。

過去にはサファリパークで職員がトラやライオンに噛まれる重篤な災害が起きている。ネコ（小さなエネルギー）には目をつむっても、トラ（大きなエネルギー）に焦点を当てて危険源を特定することが重要である。

危険源の特定には次の二つの手法がある。新規の作業に対しては作業ベースの特定が必須である。これは、Job Safety Analysis（JSA）とも呼ばれる。ただし、既存の業務すべてを作業ベースで評価しようとすると膨大な時間と労力が必要となり現実的には困難である。

そこでエリアベースを併用し、重大性の高い危険源を優先して評価することが必要となる。

図表 4-6　危険源の特定方法と主な危険源

種類	危険源の特定方法	対象となる主な危険源
作業ベース	ある業務プロセスについて、工程や作業手順に従い危険源を特定する	機械的、電気的、生物学的、化学的、放射的、人間工学的、高所
エリアベース	サイトツアーにより危険源を特定する	作業環境に関するもの（床面、階段、高所、騒音、照度など）、運搬・搬送に関するもの（人力移動、台車、運搬車）、VDT

危険源を特定する際には、次の点に留意する：

- 作業従事者の動線を意識する
- 清掃、修理、保守、トラブル対応を想定する
- 必要があれば作業従事者に実演を求める
- 足跡、保温材の変形などの痕跡を見逃さない
- カッター、脚立、工具などの備品類に着目する
- 温度、臭気、音など五感を働かせる

「危険源リスト」の利用も有効である。（**図表 4-7 参照**）

- 163 -

図表4-7　危険源リスト（事例）

項目	視点
墜落・転落	高所での作業はあるか
閉鎖空間	酸素欠乏危険場所など閉鎖空間に入る必要はあるか
掘削・開口部	作業従事者は中に入ることがあるか
稼働装置	職場に機械やフォークリフトはあるか
はさまれ	駆動部品がはさまれポイントを作るか、機械、ベルト、ロボット、コンベヤー、プーリー、チェーン、スプロケットなどに巻き込まれることはあるか
化学物質	有機溶剤、酸、アルカリ、毒劇物、薬品類などを使用するか
飛来物	飛来物はあるか
粉じん	粉じんの発生やばく露はあるか
電気	延長コード、配線、配電盤などの感電の箇所はあるか
照度	作業に十分な照度はあるか
蓄積エネルギー	放出される蓄積エネルギーはあるか（電気的、機械的、圧力、重力）（ロックアウト・タグアウトに関連する）
落下物	頭上で作業しているか
荷役機器	作業の一部として運転や歩行はあるか
刃物	ナイフ、カミソリなどを使用するか
スリップ、転倒物	通路や表面に障害物や異物はないか（5S）
レイアウト	レイアウトや動線は危険を生み出すか
はしご、足場	作業にはしごや足場を使用するか
気候	天気は危険を生み出すか
火災・爆発	火災や爆発の可能性はないか
アクセス・出口	緊急時に安全に避難できるか
プロセスフロー	プロセスを流れる物質は危険を生み出すか
作業従事者	他者の作業のポーズ／動作は危険を生み出すか
人的要因	訓練の状況、疲労、作業への適性はどうか
重量物	重量物の運搬や持ち上げはあるか
繰り返し作業	仕事は繰り返しの動きを必要とするか（タイピングなど）

第4章 ◉ リスクアセスメント実務ガイド

5．危険源から危害の特定

前項で記したとおり、労働災害発生に不可欠の要素は、「人」と「エネルギー」（危険源）である。

危険源が特定されたら、その危険源に人がどのように関わるのかを見極める。

① エネルギーを有する危険源を特定

② その危険源に人がどのように関わるのかを見極め

【事例】

重さ 20kg の段ボールに入った荷物

　人が持ち上げ、腰痛を発症

　持ち上げた際に荷物を足の上に落とし足を打撲

なお、ISO 45001 箇条 6.1.2.1 ［危険源の特定］においては、定常的のみならず非定常的な活動及び状況を考慮に入れることを求めている。

【事例】

① ファンのベルトとプーリーという危険源を特定する。

② 次にその危険源に対して、人との関りを明確にする。

　定常時： 安全カバー（ガード）があり、人はファンに接近してもベルトとプーリーには手足が届かない

　非定常時：ベルトの交換時には安全カバーを外して作業する、ただし、電源は落している（この際にロックアウト・タグアウトをしているかが重要）

このように危険源と人との関係を調べなければリスクを評価することはできない。

－ 165 －

6. 重大性はどのように評価するのか

　危険源が持つエネルギーがわかれば自ずと重大性が決定できる。したがって、危険源を特定する際に危険源が持つエネルギーを把握することが極めて重要である。たとえば、墜落をもたらす高さという危険源は、高さが50cmと3mでは危害の重大性が大きく異なるのである。
　そのため、危険源を特定する際には、その危険源が持つエネルギーを明記する必要がある。

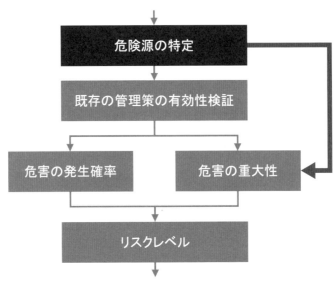

図表4-8　危害の重大性の根拠

　前述の濱田勉氏は次の名言を残している。

　危険源が明記されていないリスクアセスメントは、議題のない会議を開いているようなものだ

7. 発生の可能性はどのように評価するのか

　多くの組織は、業務頻度を発生の可能性の要素として勘案している。しかし、頻度の高い業務より低い業務の方が労働災害が多発していることは多くの方々が認識しているところである。この点で参考にしたいのが、機械安全の国際規格 ISO 12100（JIS B 9700）「機械類の安全性 – 設計のための一般原則 – リスクアセスメント及びリスク低減」である。ISO 12100 では、リスクを**次図のとおり定義している。**

図表4-9　リスクの定義

　危害の発生確率は、「人の危険源への暴露」、「危険事象の発生」、「危害を回避又は制限するための技術的及び人的可能性」からなるとしている。それぞれは次のような要素が含まれている。

【危険源へのばく露の頻度】
　作業頻度が高く、作業時間が長ければ、ばく露の頻度は高くなる。危険源から十分な距離が確保されていれば、ばく露は低減する。しかし、それだけではない。たとえば、安全カバー（マシンガード）があれば、危険源に接する（ばく露する）ことが難しくなるので、この要素が低減される。

【危険事象の発生確率】
　怪我や病気に至る災害（事象）が起きる確率である。例として、機械に手を出したとしても光線式安全装置によるインターロック機構で機械が停止すれば「はさまれ」という危険事象を低減することが可能である。

【危険回避または制限の可能性】
　危険事象が発生したとしても、非常停止装置で機械を止めることができれば制限できる可能性がある。化学物質を被液したとしても安全メガネを着用していたら目に入らないで済む可能性がある。

　以上のとおり、危害の発生確率は、3つの要素により決定され、業務頻度だけに焦点を当てる

のは適切ではない。

箇条6.1.2.2［OHSリスク及びOHSMSに対するその他のリスクの評価］では、「**既存の管理策の有効性を考慮に入れた上で**」リスクを評価することを求めている。リスク管理策として工学的管理策、管理的対策、個人用保護具の利用の適切度を考慮に入れて評価することが重要である。

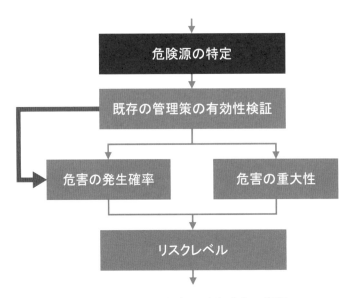

図表 4-10　危害の発生確率の根拠

例として次のような評価指標も推奨される。ハード対策（工学的管理策）もソフト的対策（管理的対策、個人用保護具利用）も両者が適切であれば災害発生の可能性は低減され、両者とも不適切であれば災害発生の可能性は増加するという考え方である。

可能性				
4	3	2	1	
非常に高い	高い	起こり得る	ほぼ起こり得ない	
×	×	○	○	工学的対策
×	○	×	○	管理的対策、PPE

図表 4-11　危害の可能性の評価指標事例

8. 許容の可否はどのように判断するのか

マトリックスによるリスクの許容の可否を判断する事例を**次図**に示す。

		可能性				
		4	3	2	1	
		非常に高い	高い	起こり得る	ほぼ起こり得ない	
		×	×	○	○	工学的対策
		×	○	×	○	管理的対策、PPE
重大性	8 死亡・重篤	32	24	16	8	
	4 休業災害	16	12	8	4	
	2 不休災害	8	6	4	2	
	1 些細	4	3	2	1	

図表 4-12　リスク評価指標事例

多くの組織は、リスク評価の点数付けに熱心であるが、ISO 45001 の前身の OHSAS 18001 のベースとなった BS8800：1996（英国規格：A Guide to Occupational Health and Safety Management Systems）附属書 D では次のとおり記されていた。

- リスクアセスメントは完全な科学ではない。
- 点数付けを複雑にしたところでリスクアセスメントの科学的精度は向上しない。
- リスクについて厳密な数値計算を行うことは、一般に必要ない。ほとんどの組織においては、非常に単純な主観的方法が妥当である。

リスクアセスメントが、"点数のお遊び"にならぬよう注意が必要である。重要な点は、机上の空論に陥ることなく現場をよく観察することである。そして、前述のとおり、参加者（作業従事者、管理監督者、専門家）が対話することを重視する必要がある。

9. 許容不可と評価されたリスクは どのように対策するのか

　許容できないと評価されたリスクに対しては、リスク管理策を講じることが必要である。その リスク管理策の優先順位は、箇条8.1.2 ［危険源の除去及びOHSリスクの低減］に示されている 「危険源の除去＞代替＞工学的管理策＞管理的対策＞個人用保護具」の管理策の優先順位を考 慮に入れなければならない。

　しかし、多くの組織のリスクアセスメントでは、手順書の作成や教育訓練の実施など安易なリ スク管理策を策定しがちである。そしてリスク管理策実施後のリスクを安易に低減してしまう。

　特に数多く見られる誤りは、リスク管理策を講じた場合に「発生の可能性」と「結果の重大性」 の両者を下げてしまうことである。

　危険源とその仕様が変わらない限り、「結果の重大性」は変わらないことが大原則である。

　ただし、同じ危険源でもその仕様が変われば「重大性」が変わることがあり得る。次のような ケースが考えられる。
- 接触の可能性が考えられる同じ機械の駆動速度が低下する
- 被液の可能性が考えられる同じ化学物質の濃度が低くなる

　この大原則が理解されておらず、リスクアセスメント実施者に教育されていないことが安易な リスク評価の不適切な低減に繋がっている。

　リスク管理策が実施されたら、それで完了ではない。箇条10.2 ［インシデント、不適合及び 是正処置］で求められる「すべての対策の有効性をレビューする」が必要となる。意図したとお りリスクは低減できたのか、次のような点を確認する必要がある。
- 作業がしにくく作業従事者が困っているようなことはないか
- 作業従事者はリスク管理策の変更を理解しているか
- 手順書どおりの作業ができているか
- 対策を講じたことにより新たな危険源やリスクは生じていないか
- レイアウト変更により避難経路に支障はないか

　リスク管理策の有効性の評価は、工学的管理策は対策後速やかに、管理的対策は実施後少し時 間を置いた方が良い場合もある。

10. 重要ポイント：対策を先に考えない

　多くの組織のリスクアセスメントの失敗は、**リスクレベル低減の呪縛**によると筆者は考えている。組織が許容可能なリスクに低減することを過剰に考慮するために次のような弊害が生じている。

- 対策に高額な投資を要するリスク（危険源）をリスクアセスメントで採りあげない
- リスク評価時の点数を低く見積る（例：高さ3mからの墜落の危害が骨折）
- リスク管理策実施後のリスク評価の際に可能性まで下げてしまう（P 170 参照）

　組織によっては、リスクレベル●以上（許容できないリスク）は、「悪」であり、根絶しなければならないと圧力を掛けるケースもある。

　その弊害は、多大なものとなる。リスクアセスメントの俎上に載せない、許容可能なリスクと評価することにより、本来は許容できないリスクが当該職場に無かったものとして葬られてしまうのである。

　必要なことは、リスクの評価時には対策を考えないことである。結果や対策を先に考えることにより評価が歪められてしまうからである。

　リスク管理策を講じてもなお残るリスクを「**残留リスク**」というが、リスクアセスメントの大きな目的は、組織内や職場内で**残留リスクを共有し、共存する**ことだと理解することを推奨する。エネルギーを使用して仕事をする以上、残留リスクはゼロにならず、残留リスクとその共存方法を共有することが必要である。

　しかし、それは残留リスクを放置して良いということではない。経営層、管理者層は許容できないリスクの存在を受け入れ、その低減にコミットすることを怠ってはならない。許容できないリスクは、事業所長が承認することを義務付けている企業もある。

11．専門的なリスクアセスメント

前項までに記した包括的なリスクアセスメントだけがリスクアセスメントではない。ISO 45001 の指針である ISO 45002「労働安全衛生マネジメントシステム— ISO 45001：2008 実施の一般指針」においても、箇条 6.1.2.2［OHS リスク及び OHSMS に対するその他のリスクの評価］において、次のとおり記されている。

"化学物質の製造及び加工に関する労働安全衛生リスクなど，複雑な状況では，特定の方法論が有用である（例えば，蝶ネクタイ分析，ハザード操作性解析（HAZOP），故障モード影響解析（FMEA））。滑り及び転倒のようなあまり複雑でない状況では，単純なリスクマトリックス（高，中，低）がより適切である場合がある。"

リスクアセスメントの例としては、機械安全、化学物質ばく露、化学プロセス安全（火災爆発）、人間工学（腰痛など）、聴力損失など多くの専門的なリスクアセスメント手法が存在する。

自社のリスクに応じて併用することが期待される。

図表 4-13　腰痛防止の作業姿勢評価　OWAS 法の事例

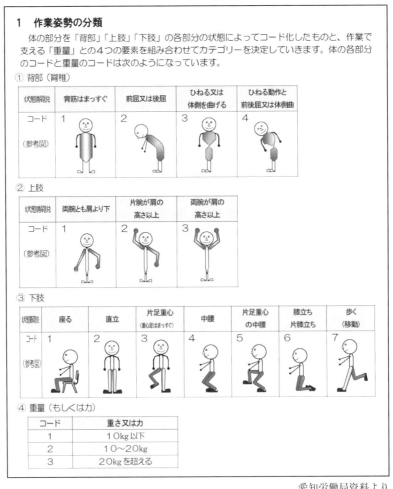

愛知労働局資料より

12. 化学物質リスクアセスメント

　労働安全衛生法における従来の化学物質管理は、有機溶剤中毒予防規則、特定化学物質障害予防規則などの特別規則により、排気装置の設置、作業環境測定、管理者選任、健康診断などの管理を定めていた。企業も特別規則を遵守していれば良いと安易に考えていた。

　しかし、膨大な化学物質に対して、規制されるのは数十種類に限られ、しかも規制はアスベストのように後追いになりがちであった。

　これに対して、厚生労働省は 2016 年に 673 物質に対して化学物質リスクアセスメントを義務付けた。しかし、化学物質による休業 4 日以上の労働災害の約 8 割は、特別規則以外の化学物質に起因していることを受け、欧米の管理手法も取り入れ、自律的な管理を基軸とする規制への移行を決め、2021 年から段階的な労働安全衛生法の改正を施行してきた。その柱となるのが化学物質管理者を中心とした化学物質リスクアセスメントに基づく管理である。

　これにより、少なくともリスクアセスメント対象物に対する CREATE-SIMPLE 法などによる化学物質リスクアセスメントが必須の要件となる。リスクアセスメント対象物を使用する組織は、箇条 6.1.2［危険源の特定並びにリスク及び機会の評価］において化学物質リスクアセスメントを必ず含める必要がある。

　化学物質のばく露リスクは、次のとおり見積もられる。

$$\boxed{\text{化学物質のばく露リスク}} = \boxed{\text{ばく露量}} \times \boxed{\text{化学物質固有の有害性}}$$

図表 4-14　化学物質ばく露リスクの見積り

　ばく露量を求めるためには、作業の頻度、時間、使用方法、排気装置、個人用保護具などを正しく把握する必要がある。CREATE-SIMPLE へのインプットに関心が向きがちであるが、データをインプットする前の作業手順、作業状況、作業環境の実態調査が重要で、化学物質管理者の支援のもと力量のある評価者が実施することが重要となる。

　なお、米国では大学院レベルの専門性を持つインダストリアル・ハイジニストがその責を負う。筆者は、2 日または 1 日の受講で済む化学物質管理者に委ねることには懸念を禁じ得ない。

　また、CREATE-SIMPLE は万能なツールではない。その評価に過度な期待を持つことなく、何よりもばく露を最小限に抑えることを優先する必要がある。

第5章 OHSMS構築及び認証取得ステップ

　本章では、ISO 45001に基づくOHSMSを構築し、ISO 45001の認証を取得するまでのステップを解説する。

　適用範囲の決定においては、統合マネジメントシステムにも触れる。

　構築および認証取得のステップでは事例を示し解説する。

　ISO 45001の認証審査について、審査のスキームや審査員・審査機関の選定、具体的な審査の内容や審査工数について解説する。

1. マネジメントシステムと適用範囲の決定

　OHSMSの構築に際しては、OHS単独のマネジメントシステムとするか、またはEMS（ISO 14001）やQMS（ISO 9001）などとの統合マネジメントシステムとするかを検討する。

　欧米の先進企業では、EHS、ESH、HSEなどと呼ぶ労働安全衛生と環境を一体として管理する手法が一般的である。例えば、騒音は職場内で社員が暴露されれば労働衛生問題となり、敷地の外で住民が暴露されれば環境問題となる。発生源は同一であるので、EHSとして一つのマネジメントシステムとして運用すると合理的である。

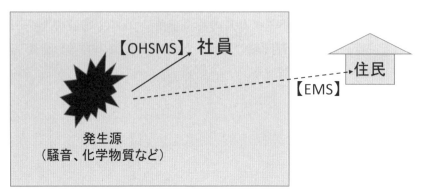

図表5-1　EHSマネジメントシステムの適用範囲の概念

　近年では、日本企業でもマネジメントシステムを統合する企業が増えている。マネジメントシステム規格が附属書SLベース（P20参照）となり、統合マネジメントシステムの構築は容易になった。特にISO 14001の認証を取得している組織はEHSマネジメントシステムとすることを検討すると良い。

2. 全社・グループ統合 OHSMS の構築 および認証取得の進め方

ISO 14001 のスタート当初は、サイト（事業所）単位で環境マネジメントシステム（EMS）を構築し、認証取得することが一般的であった。しかし近年は、全社やグループ全体で一つの EMS を構築し、全社（グループ）として認証取得することが主流となっている。それは、「環境経営」を目指して経営と EMS を一体化させることや、全社（グループ）ガバナンスの観点から当然の帰結といえる。

OHSMS においても、EMS と同様に考えることが必要である。労働安全衛生管理は、労働安全衛生法が事業所単位の管理を定めていることもあり、従来は事業所単位が主流であった。しかし、労働安全衛生がサステナビリティの一要素であると考えられる今日では、全社（グループ）単位の管理が推奨され、OHSMS も全社（グループ）統合マネジメントとすべきである。

全社（グループ）統合マネジメントシステムの場合、対象となる事業所すべてを同時に認証取得することは難しい場合もあるであろう。その場合は、本社の OHS 管理部門である統括機能と主要な事業所で認証取得し、その後、順次、「拡大審査」により対象事業所を増やしていくことを推奨する。全社（グループ）ガバナンスを基軸とすることが重要だからである。

3. OHSMS 構築および認証取得に要する期間

　OHSMS の構築から認証取得までには多くのステップがあり、その期間は組織の規模、OHS リスク、OHS 管理レベルによって様々である。しかし、あまり長期間を掛けるのは中弛みを生じるため推奨しない。多くの組織は、これまでも熱心に労働安全衛生管理に取り組んできているはずである。その既存の取組みをマネジメントシステムとして整理することからスタートすると良い。OHSMS 構築から認証取得まで、単独事業所の OHSMS であれば、通常は 1 年以内を目途にすると良いであろう。

　OHSMS の構築及び認証取得にあまり期間を掛けないことを推奨するもう一つの理由は、認証取得はゴールではなくスタートに過ぎないということである。認証機関の審査を受けることは、これまでにはなかった外部からの視点を受けて OHSMS を改善する絶好の機会である。外部審査を通じて、組織のすべての働く人々の OHSMS への理解が格段に高まるケースが多い。可能な限り早期にその機会を得ることを推奨する。ゴルフに例えると、どんなに練習場で練習を重ねるより、早めにコースデビューする方が結果として上達が早いと言われているのと同様である。

第5章 ● OHSMS 構築及び認証取得ステップ

4. OHSMS 構築および認証取得のステップ

標準的な OHSMS 構築及び認証取得のスケジュールを**図表 5-2** に示す。組織の状況に応じて
アレンジしていただきたい。

図表 5-2　OHSMS 構築及び認証取得スケジュール（事例）

時期	内容	OHSMS プロジェクト／事務局	部門（事業所の場合もある）
第1月	ギャップ分析、状況の理解	□外部・内部の課題の抽出 □利害関係者の期待とニーズの特定 □適用範囲の決定（暫定）	□部門における課題の抽出
第2月	決定	□ OHSMS 認証取得の決定 □適用範囲の確定 □委員会（OHSMS プロジェクト）編成	
	OHS 方針制定 キックオフ	□ OHS 方針の制定 □ OHSMS 構築キックオフ	□ OHS 方針の周知 □ OHSMS 構築・認証取得スケジュールの決定
第3月〜6月	OHSMS 構築	□マニュアル制定 □ OHS リスクアセスメント手法の決定 □ OHS リスクアセスメントのトライアル □ OHS リスクアセスメントトレーニング	□ OHS リスクアセスメントの実施
		□リスク及び機会の決定 □法令等要求事項登録表の作成 □内部監査員トレーニング（規格教育）	□事業所リスク及び機会の決定 □適用法令の特定
		□ OHSMS 教育資料の作成 □変更管理プロセスの作成 □共通安全規則の作成 □工事業者手引きの作成 □コミュニケーション計画の作成 □監視測定計画作成 □監視測定機器管理表の作成	
		□共通緊急事態対応計画の作成	□緊急事態対応計画の作成
		□ OHS 目標設定	□部門 OHS 目標設定
第7月〜9月	OHSMS 運用	□運用開始キックオフ	□ OHSMS 導入教育
		□目標・実施計画の取り纏め	□目標・実施計画の運用
		□順守評価結果の取り纏め	□順守評価実施
		□全社共通リスク管理策の実施	□リスク管理策実施（手順書作成）
		□教育訓練計画の立案 □内部監査員教育	□教育訓練の実施
		□緊急事態手順のテスト・訓練	□緊急事態手順のテスト・訓練
第10月	内部監査	□内部監査計画の策定 □事務局内部監査の受審 □事務局内部監査所見の是正処置	□内部監査の受審 □内部監査所見の是正処置
	マネジメントレビュー	□インプット情報の整理 □マネジメントレビューの実施	□マネジメントレビュー結果の周知
第11月	第一段階審査	□受審（OHSMS 構築状況）	□受審（サイトツアー）
	是正処置	□第一段階審査の不適合の是正処置	□第一段階審査の水平展開
第12月	第二段階審査	□受審	□受審
	是正処置	□不適合の是正処置（計画）	□不適合の是正処置（計画）
	認証取得	□認証授与式	□認証取得セレモニー

－ 179 －

5．認証審査とは

　認証（certification）とは、組織のシステムが ISO 45001 などのマネジメントシステム規格に適合しているかを第三者機関である認証機関が審査し、登録する仕組みを指す。

　認証取得の目的は次の3点である。

- 認証取得している組織であることを社外に示す。（顧客の要求に応えるケースを含む）
- 社外の審査員による審査を受けることにより、自社では気付かない OHSMS の課題に気付き、継続的改善を可能にする。
- 認証取得により働く人のプライドと認識を向上する。

　社内で自律的に継続的改善を図ることは容易ではない。認証機関の審査員からの "外圧" は、社員に社内圧力以上の緊張感をもたらし、その意識向上の効果は高い。認証審査を社内の認識向上の絶好の機会と捉えて活用すると良い。

第 5 章 ● OHSMS 構築及び認証取得ステップ

6. 認証機関と認定機関

　マネジメントシステム認証機関は、認定機関（日本では、JAB：公益財団法人日本適合性認定協会）から、ISO/IEC 17021 に基づく認定審査を受け、「認定」（accreditation）された機関となる。

　日本には、現在 35 ほどの JAB の認定を受けた認証機関が存在する。必ずしも JAB の認定を受けていなくても、UKAS（英国）、ANAB（米国）、RvA（オランダ）などの海外の認定機関の認定を受けている認証機関でも問題はなく、むしろ海外企業と取引をする場合は有利になる場合もある。

　認定機関は、認証機関に対して認定分野ごとに認定を出している。認定分野とは、「1：農業、林業、漁業」、「12：化学薬品、化学製品及び繊維」、「19：電気的及び光学的装置」、「28：建設」など 39 の業種に分けられている。認証機関は、認定を受けた産業分類の組織にしか審査し認証書を出すことができない。認証機関は、すべての認定分野の認定を受けている訳ではない。例えば、「33：情報技術」の認定を受けていなければ IT 企業の審査をすることはできない。

7. ISO 審査員の力量

認証機関の OHSMS 審査員になるためには、マネジメントシステム審査員登録機関（IRCA、JRCA など）の登録及び／または認証機関の基準に従って、次の要件を満たす必要がある。
・OHS に関する経験（通常、4年～7年）
・ISO 45001 に関する研修の受講（通常、5日間）
・ISO 45001 に関する審査経験（通常、3回以上）

認証機関では、ISO 14001 や ISO 9001 の審査経験により、上記要件の緩和措置を講じているケースも多い。

なお、審査員も全ての認定分野の審査が可能なわけではない。

認証機関は、ISO/IEC 17021 に基づく審査員の力量要件を定めており、過去の実務経験や審査経験などから審査可能な分野を認定している。

ちなみに、OHSMS の審査に関しては、ISO/IEC 17021-10（JIS Q 17021-10）「適合性評価―マネジメントシステムの審査及び認証を行う機関に対する要求事項―第 10 部：労働安全衛生マネジメントシステムの審査及び認証に関する力量要求事項」を定めており、この要件を満たすことが必要となる。

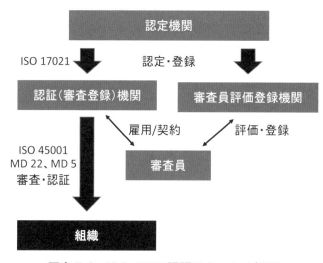

図表 5-3　ISO 45001 認証スキームの概要

8. 認証機関および審査員の選定

　組織は、ISO 45001 において自組織に合致する産業分類の認定を受けている認証機関の中から認証審査を受ける機関を選定する。さらに、認証機関内においても審査員を選定することが可能である。

　実態として、認証機関や審査員により、審査の力量と有効性には相当のばらつきが存在している。認証機関の規格解釈の適切性、審査員に対する教育訓練の充実度、審査員自身の実務経験・保有する OHS 関連資格・審査実績などを慎重に吟味して選定するべきである。

　ISO 45001 の審査員において特に重要なのは、現場の OHS リスクを検出する力量と労働安全衛生法の理解度に関する力量である。文書や記録の確認が主体で現場をあまり見ない審査員や労働安全衛生法などの適用法令を理解していない審査員は少なくない。それでは認証取得の効果は高いものとはならない。

　認証機関や審査員は、"敵"ではなく"パートナー"である。安易に「審査が厳しくないから」、「費用が安いから」などの理由で選定するのではなく、労働災害の低減と安全で健康的な職場の提供に寄与する認証機関や審査員を慎重に選定することが推奨される。

9. ISO 45001 審査の内容

　認証機関は、審査の工数や進め方を、IAF MD 5「品質、環境及び労働安全衛生マネジメントシステム審査工数決定のための IAF 基準文書」(以下、MD 5) および IAF MD 22「労働安全衛生マネジメントシステム（OH&SMS）認証のための ISO/IEC 17021-1 適用に関する IAF 基準文書」(以下、MD 22) に基づき決定し、実施しなければならない。

　IAF（国際認定機関フォーラム）が作成した指針は、JAB（公益財団法人日本適合性認定協会）が翻訳したものを JAB のホームページから入手することが可能である。組織は、審査前に MD 22 および MD 5 を一読しておくことをお薦めする。

　ISO マネジメントシステムの認証は 3 年を 1 サイクルとしている。
　　初回認証審査（初年度）→サーベイランス審査（1 年目）→サーベイランス審査（2 年目）
　　→再認証審査（3 年目）→サーベイランス審査（4 年目）→サーベイランス審査（5 年目）
　　→再認証審査（6 年目）→……

　初回認証審査は、第一段階審査と第二段階審査の 2 段階で実施される。その相違は次のとおりである。

【第一段階審査】
　審査の目的：審査員が組織の概要と OHSMS を把握し、**OHSMS のシステム**を確認
　審査の結論：予定通り第二段階審査に進むことが可能か否か
- 主として OHS 管理責任者・事務局が対応
- サイトツアー（事業所踏査）を実施
- 主として「システムの構築状況」を審査
- リスクアセスメントとコンプライアンスが焦点
- 不適合は、第二段階審査までに是正が必要

【第二段階審査】
　審査の目的：**OHSMS の運用**を確認
　審査の結論：認証が可能か否か
- 部門審査も実施し、全ての部門、全ての働く人が対象
- トップマネジメントに対するトップインタビューを実施（第一段階審査でも実施する場合もある）
- サイトツアー（事業所踏査）を実施
- 主として「運用状況」を審査、働く人へのインタビューも含まれる
- 重大な不適合は、是正が完了しない限り認証されない
- 軽微な不適合は、是正計画が承認されない限り認証されない

－184－

なお、MD 5 および MD 22 では、ISO 9001、ISO 14001 審査とは異なる次のような審査が要求されている。(以下、MD 22 抜粋)

- 最初の認証周期では、少なくとも通常の業務時間内の一つのシフトと時間外の一つのシフトを審査しなければならない。以降の周期のサーベイランス審査では、認証機関は、組織のOH&SMS の認められた成熟度に基づいて、二番目のシフトを審査しない決定をしてもよい。(MD 5 抜粋)

- (法令順守について、)文書及び記録のレビューと運用活動中の OH&SMS 実施状況の評価(例えば、施設及びその他の作業サイトへの巡回)との間のバランスについて、認証機関はOH&SMS の有効性について十分な審査が行われることを確実にしなければならない。あまりにも多くの審査工数が事務所ベースのレビューに使われることが一定の頻度で生じる問題であることを示す兆候がある。(中略)事務所ベースのレビューに工数をかけると、法定順守の点で OH&SMS の有効性について不十分な評価につながり、また、潜在的に、低いパフォーマンスが見過ごされることにもなり、認証プロセスに対する利害関係者の信頼の喪失につながり得る。(MD 22 抜粋)

- 審査チームは次の要員と面談を行わなければならない。
  - ▶労働安全衛生に法的責任をもつ経営層
  - ▶労働安全衛生に責任をもつ従業員の代表者
  - ▶例えば、医師及び看護師といった従業員の健康を監視する責任をもつ要員
  - ▶管理職、及び常勤及び臨時の従業員

  (MD 22 抜粋)

- 組織の代表者は、労働安全衛生に法的責任をもつ経営層、従業員の健康を監視する責任をもつ要員及び労働安全衛生に責任をもつ従業員の代表者を最終会議への出席に招くよう求められなければならない。(MD 22 抜粋)

10. ISO 45001 審査の工数

　審査の工数（日数）は、MD 5に基づき、受審組織のリスクの程度、有効要員数の基準表（図表4-4)をもとに決定される。なお、サーベイランス審査と再認証審査の工数は次のとおりとなる。

- サーベイランス審査：初回認証審査の概ね3分の1の工数
- 再認証審査：初回認証審査の概ね3分の2の工数

図表5-4　有効要員数、労働安全衛生リスクの複雑さのカテゴリ、審査工数との関係
（初回審査のみ－第一段階＋第二段階）

有効要員数	審査工数 第一段階＋第二段階 （日数）			有効要員数	審査工数 第一段階＋第二段階 （日数）		
	高	中	低		高	中	低
1-5	3	2.5	2.5	626-875	17	13	10
6-10	3.5	3	3	876-1175	19	15	11
11-15	4.5	3.5	3	1176-1150	20	16	12
16-25	5.5	4.5	3.5	1151-2025	21	17	12
26-45	7	5.5	4	2026-2675	23	18	13
46-65	8	6	4.5	2676-3450	25	19	14
66-85	9	7	5	3451-4350	27	20	15
86-125	11	8	5.5	4351-5450	28	21	16
126-175	12	9	6	5451-6800	30	23	17
176-275	13	10	7	6801-8500	32	25	19
276-425	15	11	8	8501-10700	34	27	20
426-625	16	12	9	>10700	上記増加率に従う		

　審査工数は、サイトの数や品質や環境など他のマネジメントシステムの状況や成熟度等を勘案し、基準工数から増減される。ただし、審査工数削減は最大30％以内と定められている。

【工数算出の事例】

　ABC社の場合、製造業（電子部品製造）で社員200名であり、工数表の176-275・リスク中が適用され、10工数となる。これが例として、第一段階2工数（審査員1名で2日）、第二段階8工数（審査員2名で4日）などと配分される。

第6章 付録

OHSMSマニュアル（事例）

個人用保護具（PPE）選定管理手順書（事例）

内部監査チェックリスト：部門監査用（事例）

OHSMS マニュアル（事例）

ABC 株式会社

OHSMS マニュアル

Rev.0

OHSMS マニュアル（Rev.0）

改訂履歴

発行日	版数	内容	作成	承認
2018/01/10	0	新規制定	管理責任者	事業所長
2024/03/10	1	化学物質自律的管理を追加	〃	〃

OHSMS マニュアル（Rev.0）

目次

改訂履歴	1
目次	2
1　概要	
1.1　目的	3
1.2　適用範囲	3
2　引用規格	4
3　用語の定義	4
4　組織の状況	
4.1　組織及びその状況の理解	5
4.2　働く人及びその他の利害関係者のニーズ及び期待の理解	5
4.3　労働安全衛生マネジメントシステムの適用範囲の決定	5
4.4　労働安全衛生マネジメントシステム	5
5　リーダーシップ及び働く人の参加	
5.1　リーダーシップ及びコミットメント	6
5.2　労働安全衛生方針	6
5.3　組織の役割、責任及び権限	8
5.4　働く人の意見聴取及び参加	8
6　計画	
6.1　リスク及び機会への取組み	9
6.2　労働安全衛生目標及びそれを達成するための計画策定	10
7　支援	
7.1　資源	12
7.2　力量	12
7.3　認識	12
7.4　コミュニケーション	13
7.5　文書化した情報	13
8　運用	
8.1　運用の計画及び管理	15
8.2　緊急事態への準備及び対応	16
9　パフォーマンス評価	
9.1　モニタリング、測定、分析及びパフォーマンス評価	17
9.2　内部監査	18
9.3　マネジメントレビュー	18
10　改善	
10.1　一般	20
10.2　インシデント、不適合及び是正処置	20
10.3　継続的改善	20

第6章 ● 付録

OHSMS マニュアル（Rev.0）

1   概要

1.1 目的

このマニュアルは、ABC 株式会社（以下、当社とする）における労働安全衛生マネジメントシステム（以下、OHSMS とする）を記述することにより、OHSMS の意図した成果を達成し無災害の継続に資すること、および ISO 45001 の認証・登録を満たすことを目的とする。

【意図した成果】

- 労働災害の予防
- 快適で健康的な職場環境の整備
- 高い安全文化の醸成
- コンプライアンス
- OHS パフォーマンスの継続的改善
- OHS 目標の達成

1.2 適用範囲

ABC 株式会社

（住所）●●県●●市●●町 xx 番 xx 号

（業務）電子部品製造業

3

OHSMS マニュアル（Rev.0）

2 引用規格

ISO 45001（2018 年版）労働安全衛生マネジメントシステム − 要求事項及び利用の手引

3 用語の定義

OHSMS に関する用語の定義は、原則として ISO 45001 に従う。ただし、当社固有の用語や特殊な意味に用いる場合は、次に定義する。

用語	定義
安全文化	当社並びに従業員の、何よりも労働安全衛生を優先する企業文化安全、意識
OHS	Occupational Health and Safety （労働安全衛生）
OHSMS	労働安全衛生マネジメントシステム
OHSMS 委員会	トップマネジメントを委員長とし、管理責任者及び各部門の代表者をメンバーとする当社における OHSMS に関する決議機関労働安全衛生法の安全衛生委員会を包含する
トップマネジメント	社長および CSR 担当役員

OHSMS マニュアル（Rev.0）

4 組織の状況

4.1 組織及びその状況の理解

(1) OHSMS 委員会は、4 月に OHSMS の「意図した成果」の達成に影響を与える内部・外部の課題を決定する。

(2) 総務部長は、決定した内部・外部の課題を全従業員に周知する。

4.2 働く人及びその他の利害関係者のニーズ及び期待の理解

(1) OHSMS 委員会は、次の事項を決定する。

- OHSMS に関する利害関係者（従業員を含む）
- 利害関係者のニーズ及び期待
- 利害関係者のニーズ及び期待のうち、順守義務となるもの

(2) OHSMS 委員会は、利害関係者の要求事項などに変更がないか適宜確認する。

4.3 労働安全衛生マネジメントシステムの適用範囲の決定

(1) OHSMS 委員会は、OHSMS の適用範囲を決定し、本マニュアル 1.2 項に記載する。

(2) 総務部長は、適用範囲を当社のホームページに記載し、利害関係者が入手できるようにする。

4.4 労働安全衛生マネジメントシステム

(1) OHSMS 委員会は、ISO 45001 を満たす OHSMS を本 OHSMS マニュアルに定める。

(2) 当社は、本 OHSMS マニュアルに基づき OHSMS を運用し、変化に対応し、継続的に改善する。

5 リーダーシップ及び働く人の参加

5.1 リーダーシップ及びコミットメント

トップマネジメントは、自身のリーダーシップにより、当社の安全文化を高め、社員の参画のもと OHSMS を運用し、労働災害の防止と働きやすい職場の提供に責任を負い、OHSMS をドライブする。

5.2 労働安全衛生方針

(1) トップマネジメントは、当社の OHS 方針を定める。

(2) トップマネジメントは、マネジメントレビューの際に OHS 方針を見直す。

(3) 総務部長は、OHS 方針はホームページにより社外に公開する。

(4) OHSMS 委員会は、決定した OHS 方針を組織内に周知する。

第6章 ● 付録

OHSMS マニュアル（Rev.0）

ABC 株式会社
OUR SAFETY POLICY
＜私達の労働安全衛生方針＞

私達は、ABC 株式会社で働く人々の安全と健康が
当社の最優先課題であり、
当社に関わる全ての人々の仕事であると宣言します。

労働安全衛生を守るために私達は次の事項に最善を尽くします。

☞　安全で快適な職場環境を提供します。

☞　危険源の除去と OHS リスク低減に全社員が常に注力します。

☞　法令およびお約束事項を全社員が順守します。

☞　優先課題として、次の事項に取り組みます；
- 化学物質の管理強化
- 働きやすさの改善（人間工学、休憩室）

☞　OHSMS を、継続的に改善します。

2024 年 3 月 10 日
ABC 株式会社
代表取締役社長
安全 太郎

OHSMS マニュアル（Rev.0）

5.3　組織の役割、責任及び権限

(1) トップマネジメントは、管理責任者を任命する。

(2) OHSMS 委員会は、OHSMS における活動の詳細及び責任と権限の所在を、本 OHSMS マニュアル及び下位文書に規定し、伝達する。OHSMS の組織を「組織図」に示す。

(3) その他の労働安全衛生に関連する役割及び責任は、就業規則に基づく「安全衛生管理規程」を参照する。

■関連文書
安全衛生管理規程

5.4　働く人の意見聴取及び参加

(1) 総務部長は、毎月、OHSMS 委員会を開催する。

(2) 各部門長は、朝礼その他の会合や機会を通じて社員の意見を聴取し、OHSMS に反映させる。

(3) 製造部長は、毎月、請負業者との安全衛生協議会を開催するか、または安全衛生委員会にオブザーバー参加させる。

8

OHSMS マニュアル（Rev.0）

6 計画

6.1 リスク及び機会への取組み

6.1.1 一般

(1) OHSMS 委員会は、「OHS リスクアセスメント規定」に従い、内部及び外部の課題、利害関係者の要求事項、順守義務、OHSMS 適用範囲を考慮し、当社のリスク及び機会を決定する。

(2) 各部門長は、活動、製品及びサービスの変更、新規発生または法規制の改訂の際は、変更を実施する前に「OHS 事前審査チェックリスト」により、リスク及び機会を評価する。

■関連文書
OHS リスクアセスメント規定

6.1.2 危険源の特定並びにリスク及び機会の評価

6.1.2.1 危険源の特定

(1) 各部門長は、「OHS リスクアセスメント規定」に従い、部門の危険源を決定し、これを維持する。

(2) 各部門長は、危険源を最新のものとしておくため、毎年 4 月および変化が生じる際に見直す。

6.1.2.2 労働安全衛生リスク及び労働安全衛生マネジメントシステムに対するその他のリスクの評価

(1) 各部門長は、「OHS リスクアセスメント規定」に従い、特定された危険源から生じる OHS リスクを予防的に評価する。

(2) OHSMS 委員会は、各部門の OHS リスクの評価結果をレビューする。

(3) OHSMS 委員会は、OHSMS に関係するその他のリスクを決定し評価する。

6.1.2.3 労働安全衛生機会及び労働安全衛生マネジメントシステムに対するその他の機会の評価

(1) OHS パフォーマンス向上の OHS 機会（好機）を見出した際、OHSMS 委員会はその OHS 機会（好機）を評価する。

(2) OHSMS 委員会は、内部監査やマネジメントレビューを含む箇条 9 の取組みから OHSMS に関係するその他の機会を見出し評価する。

■関連文書
OHS リスクアセスメント規定

OHSMS マニュアル（Rev.0）

6.1.3 法的要求事項及びその他の要求事項の決定

(1) OHSMS 委員会は、労働安全衛生法、消防法、高圧ガス保安法を中心に OHSMS に関連する法的要求事項及び利害関係者からのその他の要求事項を決定し、「法令等要求事項登録表」を作成する。

(2) OHSMS 委員会は、法令等の制定、改正及び当社の設備の新設、増設、改造の都度、「法令等要求事項登録表」を見直し、必要に応じて改訂する。

(3) 総務部は、次の方法により法令等の制定、改訂の情報を入手し、必要により関係部門に通知する。

- 毎月の関係省庁のホームページへのアクセス
- 所轄官庁の法令説明会などへの出席
- OHS 関係情報の定期購読

6.1.4 処置の計画

(1) OHSMS 委員会は、リスク及び機会、適用される法令等要求事項、緊急事態への対応を「OHS 取組み計画シート」に計画する。

(2) 「OHS 取組み計画シート」で定められた各責任者は、計画された処置を実施し、OHSMS 委員会に報告する。

6.2 労働安全衛生目標及びそれを達成するための計画策定

6.2.1 労働安全衛生目標

(1) OHSMS 委員会は、OHS 方針に基づき、法令等要求事項、リスク及び機会、ならびに従業員を含む利害関係者の見解を考慮して、全社の OHS 目標を決定する。

(2) OHSMS 委員会は、必要に応じて OHS 目標を見直す。

6.2.2 労働安全衛生目標を達成するための計画策定

(1) 部門長は、OHS 目標を達成するための実施計画を「OHS 目標・実施計画」に策定する。

(2) 部門長は、実施計画策定に際しては、管理値、実施手段、達成時期、責任体制、必要な資源、結果の評価方法、当社の業務へ統合する方法を具体化する。

10

OHSMS マニュアル（Rev.0）

(3) OHSMS 委員会は、各部門が策定した計画の整合を図り、承認する。

(4) 部門長は、毎月、実施計画の進捗を確認する。

(5) 部門長は、計画期間中に事業活動、製品及びサービスに追加または変更が生じ、計画に関連する場合には、「OHS 目標・実施計画」を見直す。

(6) 各部門長および OHSMS 委員会は、OHS 目標及び実施計画の進捗を、「OHS 目標・実施計画」により評価する。（9.1 参照）

7　支援

7.1　資源

トップマネジメントは、OHSMS の管理・実行にあたって必要となる経営資源を決定し、提供する。資源には、インフラストラクチャー（関連設備、建物、備品）のほか、これらを運用するための人材、特殊技能、技術、資金を含める。

7.2　力量

(1)　OHSMS 委員会は、全社員共通の OHSMS に関する必要な力量を決定する。

(2)　総務部長は、OHSMS に関する公的資格のリストを維持する。

(3)　総務部長は、OHSMS に関連する全社共通の力量及び教育訓練に必要な資料を作成し、管理責任者が確認する。

(4)　総務部長および各部門長は、必要な教育訓練プログラムを作成し、実施する。

(5)　OHSMS 委員会は、全社共通の教育訓練の結果の有効性を評価し、総務部は記録を保持する。

(6)　詳細は、「教育訓練規定」に定める。

■関連文書
教育訓練規定（QMS と共用）

7.3　認識

(1)　総務部は、認識向上に寄与する教育資料を作成する。

(2)　各部門長は、従業員に対し、次の事項を確実に知らしめるための教育を実施する。

- OHS 方針及び OHS 目標
- 個々のパフォーマンス改善が OHSMS に与える利点
- 決められた作業手順を守らない場合に予想される結果
- 従業員に関連するインシデント及びその調査結果
- 従業員に関連する危険源、OHS リスク及び決定された処置
- 危険な状況から逃れるための行動、及びそのような行動をとったことによる不当な処罰を受けないことの保証

OHSMS マニュアル（Rev.0）

7.4 コミュニケーション

7.4.1 一般

(1) OHSMS 委員会は、OHSMS に必要な内部及外部コミュニケーション、及びそのプロセスを「コミュニケーション計画」に規定する。必要なコミュニケーションには、法令要求を含む。

(2) 「コミュニケーション計画」で定められた責任者は、必要に応じて、コミュニケーションの内容を記録する。

(3) 製造部長は、製造請負業者に対して毎月の安全衛生協議会によりコミュニケーションを図る。

(4) 総務部長は、構内に入場する請負業者に対して守衛所において必要事項を伝達する。

7.4.2 内部コミュニケーション

(1) 「コミュニケーション計画」で定められた責任者は、規定された内容について、内部コミュニケーションを行う。

(2) 「コミュニケーション計画」で定められた責任者は、OHSMS 委員会のほか、OHSMS に必要な情報を、朝礼、掲示、社内イントラネット、各種会議より従業員に伝達する。

(3) OHSMS 委員会および各部門長は、従業員の OHSMS に関する意見の聴取に努める。

7.4.3 外部コミュニケーション

(1) 「コミュニケーション計画」に規定された内容について、外部コミュニケーションを行う。

(2) 総務部長は、OHS に関する外部のコミュニケーションに関する責任を有し、関係部門と協議の上、情報の受入れ及び回答を管理する。また、その記録を保持する。

7.5 文書化した情報

7.5.1 一般

総務部長は、本マニュアルを頂点とする、OHSMS 文書の体系を「文書・記録一覧表」に示し、維持する。

7.5.2 作成及び更新

13

OHSMS マニュアル（Rev.0）

(1) OHSMS 委員会は、「文書・記録一覧表」に必要な文書及びその発行責任者を明確にする。

(2) 発行責任者は、OHSMS 文書をタイトル、日付、作成者及び参照番号などで識別する。

(3) OHSMS 文書改訂の際は、原則として、制定時と同一の権限者がその内容を審査、承認する。

(4) 詳細は「文書管理規定」に定める。

■関連文書
　文書管理規定（QMS と共用）

7.5.3 文書化した情報の管理

各部門長は、次の事項を確実にするために、「文書管理規定」に従って OHSMS 文書を管理する。

- 情報の保護
- 配付、アクセス、検索、利用
- 保管、保存
- 変更管理
- 保持、廃棄
- 外部文書（SDS を含む）の管理

■関連文書
　文書管理規定（QMS と共用）

OHSMS マニュアル（Rev.0）

8　運用

8.1　運用の計画及び管理

8.1.1　一般

(1)　「OHSMS 取組み計画シート」により決定された実施部門の部門長は、プロセスの運用及び活動を管理する。

(2)　各部門長は、手順書がないと OHS 方針及び目標から逸脱する可能性がある場合は、手順書を作成し、維持する。その際に手順書には、必要に応じて管理基準と管理方法を定める

8.1.2　危険源の除去及び労働安全衛生リスクの低減

各責任者は、リスクアセスメントにて決定したリスク管理策を講じる。その際には、次の優先順位を考慮する。

危険源の除去 ＞ 危険源の代替 ＞ 工学的管理策 ＞ 管理的対策 ＞ 個人用保護具

8.1.3　変更の管理

(1)　各部門長は、次の事項に関する計画した変更に対して、事前に「OHS 事前審査チェックリスト」により対応する。

- 設備、機械、プロセスの新規導入、変更、改造
- 化学物質の新規導入、変更
- 危険源、OHS リスクに関する知識又は情報の変化
- 知識及び技術の発達

(2)　総務部長は、各部門が実施した「OHS 事前審査チェックリスト」をレビューする。必要に応じて OHSMS 委員または専門家を招集する。

(3)　総務部長は、法令等要求事項の変更を含む意図しない結果が生じた場合は、レビューし対応する。

8.1.4　調達

8.1.4.1　一般

購買部長および各部門長は、「調達管理規定」に従い、調達、請負者及び外部委託を管理する。

15

OHSMS マニュアル（Rev.0）

8.1.4.2 請負者

(1) 購買部長は、「調達管理規定」に従い、OHS 管理状況を含めて請負者を選定する。

(2) 製造部長および購買部長は、構内の製造請負会社と協力して危険源の特定と OHS リスクを評価し、管理する。

(3) 各部門長は、総務部長と協力し、事業所構内で作業に従事する請負業者に対して、「工場内作業許可申請書」により請負者及び当社に影響を与える業務に関する危険源の特定と OHS リスクを評価し、管理する。

8.1.4.3 外部委託

購買部長は、「調達管理規定」に従い、外部委託先に対して OHSMS を含む CSR 監査を実施する。

■関連文書
調達管理規定（QMS と共用）

8.2 緊急事態への準備及び対応

(1) 総務部は、負傷および疾病発生時の処置を定めた「応急処置手順」および消防法に基づく「消防計画」を策定する。毎年 4 月にテスト及び訓練し、結果を記録する。必要に応じて請負者も訓練に参加させ、また、消防署にも支援を要請する。

(2) 各部門長は、危険源の特定および OHS リスク評価により特定された緊急事態に対して「緊急事態対応計画」を策定し、1 回／年、テスト及び訓練し、結果を記録する。

(3) 部門長は、緊急事態が顕在化した際には、関連部門と連携して対処する。

(4) 部門長は、テストおよび緊急事態発生後には、対応を評価し、必要に応じて手順、計画を改訂する。

第6章 ● 付録

OHSMS マニュアル（Rev.0）

9　パフォーマンス評価

9.1 モニタリング、測定、分析及びパフォーマンス評価

9.1.1 一般

(1) OHSMS 委員会は、次の事項を「監視及び測定計画」に計画し、その状況を確認する。

- 労働災害、ニアミスの発生件数
- 法令等要求事項の順守状況
- OHS 目標の進捗
- 法定巡視（安全管理者、衛生管理者、産業医）
- 自主巡視
- 作業環境測定
- 健康診断
- ストレスチェック
- 定期自主検査
- その他必要な事項

(2) 各部門長は、「監視及び測定計画」に基づく監視、測定、分析、評価結果を総務部長に報告する。

(3) 総務部長は、各部門から報告されたく監視、測定、分析、評価結果を集計し、OHSMS 委員会に報告する。

(4) OHSMS 委員会は、監視、測定、分析、評価結果をレビューし、OHSMS の有効性を判断する。

(5) 各部門長は、監視及び測定機器の維持管理のための校正／検証及び保守の手順を明確にし、計画に従い、校正／検証、保守し、結果を記録する。

9.1.2 順守評価

総務部長は、少なくとも年 1 回「法令等要求事項登録表」により法令等要求事項の順守状況を、力量のある要員または必要に応じて社外の専門家により評価し、OHSMS 委員会に報告する。

17

OHSMS マニュアル（Rev.0）

9.2 内部監査

9.2.1 一般

管理責任者は、次の事項を検証・確認することを目的として、「内部監査規定」に従い、少なくとも年1回内部監査を実施し、その結果をトップマネジメントに報告する。

- OHSMS が ISO 45001 要求事項を含め、OHSMS のために計画された内容に適合しているか
- OHSMS が有効に実施され、維持されているか

■関連文書
内部監査規定（QMS と共用）

9.2.2 内部監査プログラム

(1) 管理責任者は、年度初めに「内部監査年間計画書」を作成する。

(2) 管理責任者は、内部監査員教育訓練を受けた者から内部監査チームのリーダーおよびメンバーを任命する。

(3) 内部監査チームリーダーは、「内部監査計画書」を作成する。

(4) 監査員は監査を実施し、結果を「内部監査報告書」および「是正処置要求／回答書」により管理責任者および被監査部門長に報告する。

(5) 監査により是正処置要求を受けた部門長は、速やかに是正処置を講じる。

(6) 監査員は、実施された是正処置の有効性を評価する。

(7) 管理責任者は、一連の監査結果をまとめ、トップマネジメントに報告する。

(8) 詳細は「内部監査規定」に定める。

■関連文書
内部監査規定（QMS と共用）

9.3 マネジメントレビュー

(1) トップマネジメントは、当社の OHSMS が引き続き妥当・適切かつ有効であることを保証するため少なくとも年1回マネジメントレビューを行う。

OHSMS マニュアル（Rev.0）

(2) 管理責任者は、マネジメントレビューに際して、「マネジメントレビューインプット報告書」により必要な情報をまとめ、トップマネジメントに提供する。

(3) トップマネジメントは、マネジメントレビューの結果を「マネジメントレビュー記録」によりアウトプットする。

(4) 管理責任者は、マネジメントレビュー結果を各部門長を通じて従業員に伝達する。

(5) 総務部は、マネジメントレビューに関する記録を保管する。

OHSMS マニュアル（Rev.0）

10 改善

10.1 一般

OHSMS 委員会は、箇条 9 の取組みより改善の機会を決定し、OHSMS の意図した成果を達成するために、是正処置など、必要な取組みを実施する。

10.2 インシデント、不適合及び是正処置

(1) 部門長は、インシデント（ニアミスを含む）が発生した場合、「インシデント報告書」により、総務部長およびトップマネジメントに報告する。

(2) 総務部長は、さらなる調査の必要性を判断し、必要に応じて専門家を招集し「インシデント報告書」により調査する。

(3) 発生部門長および総務部長は、調査結果を OHSMS 委員会に報告する。

(4) 管理責任者は、次の不適合が確認された場合は、「是正処置要求／回答書」を発行し、部門長は是正処置を講じる。

- モニタリング、測定において発見された不適合
- 法令等要求事項で定められた基準値（規制値）からの逸脱を含む法令違反
- 外部審査によって発見された不適合
- マネジメントレビューにおいて改善を指示された不適合
- 外部及び内部からの苦情の発生
- 「OHS 目標・実施計画」において 3 ヶ月連続して目標を達成できなかった場合

(5) 管理責任者は、「インシデント報告書」または「是正処置要求／回答書」の有効性をレビューする。

(6) 詳細は「是正処置規定」に定める。

10.3 継続的改善

OHSMS 委員会は、目標管理、内部監査、是正処置及びマネジメントレビューなどを通じて、OHS パフォーマンス向上、安全文化の促進、働く人の参加の推進などにより OHSMS の適切性、妥当性及び有効性を継続的に改善する。

20

個人用保護具管理手順書（事例）

個人用保護具（PPE）選定管理手順書	2024 年 4 月 1 日版	頁　1/3

1．適用範囲
本手順書は、職務に適応する傷害、疾病リスクを低減するための、全ての従業員に必要とされる個人用保護具（Personal Protective Equipment：以下「PPE」という）の管理について規定する。

2．対象
本手順書は、当社内において使用される全ての PPE に適用する。主要な PPE は次のとおりとする。
- ヘルメット
- フェースシールド
- ゴーグル・安全メガネ
- イヤーマフ・耳栓
- 呼吸用保護具（保護マスク）
- 作業衣
- エプロン
- 手袋
- 安全靴・ブーツ

3．リスク管理方針
作業場での傷害・疾病リスクの除去または最小化のために使用されるべき第一の方法は、危険源の除去または代替である。次に、安全カバー等の安全装置や局所排気装置の設置などの工学的対策である。次いで、手順、警告、教育訓練など管理的対策である。これらの対策によりなおリスクが許容範囲に低減しない場合、またさらにリスクを低減させたい場合、PPE を個人の危険源への暴露の減少、除去のために用いる。PPE は、着用が必要であり、着用することによって傷害や疾病の可能性が減少する、と判断されたときのみに提供し、着用し、維持する。

4．責任

4.1 部門長
- 化学物質管理者の支援のもと、特定の業務に必要な PPE を選定するためのリスクアセスメントを行う。
- 従事者に PPE の選択、使用、点検、保管、清掃、限界の訓練を提供する。
- PPE を予算化し、必要数を供給する。
- 関係する従事者に適切な PPE を支給し、着用させ、本手順の履行を確実に実行する責任を有する。
- 新規の機械設備や　化学物質の導入に対して、変更／追加の PPE を支給する。
- 本手順の規定に従い、PPE が確実に使用、取扱い、保管されるよう、内部監査に協力する。

4.2 監督者（職長、場合により作業主任者）
- PPE の着用及び保守管理状況を監視する。
- 必要により従事者に代替の PPE を供給する。
- PPE の使用が必要とされる新規のリスクを発見する。

4.3 従業員
- 指定された PPE を適切に着用し、保守管理する。
- 毎年の PPE トレーニングに参加する。
- PPE 着用の制限を理解し、履行する。
- PPE に損傷がある、または効果のない場合は、直ちに監督者に知らせる。

| 個人用保護具（PPE）選定管理手順書 | 2024 年 4 月 1 日版 | 頁　2/3 |

4.4 法定管理者（化学物質管理者、保護具着用管理責任者、安全管理者、衛生管理者及び産業医）

- 化学物質管理者は、化学物質のリスクアセスメントを指揮し、その結果として PPE の必要性を判断し、必要とされる場合は PPE を選定する。
- 保護具着用管理責任者は、有効な PPE の選択、使用状況の管理、その他 PPE の保守管理にかかわる業務を行なう。
- 安全管理者、衛生管理者及び産業医は、保護具の選定について、技術的支援を提供する。
- 安全管理者、衛生管理者及び産業医は、法定巡視において、PPE の着用及び保管状況を点検する。

4.5 OHS 事務局

- 当社における PPE 着用の必要な危険源の有無を判定するため、全ての部門においてリスクアセスメントが実施されることを確実にする。
- リスクアセスメントにより特定した危険源に対応するための、最も効果的な PPE を、必要に応じて化学物質管理者、保護具着用管理責任者、産業医、安全管理者、衛生管理者と協力し、選定し、通知する。
- リスクアセスメント及び PPE の選定おいて部門長を支援する。
- PPE の効果を確認し、必要により代替を指示する。
- 法令や国家検定の動向を入手し、必要な指示を与える。
- 当社が本プログラムの年次レビューを完了するよう主導する。

5．選定手順

(1) OHS 事務局は、当社で使用される全ての PPE について、国家検定があるものは検定品から、国家検定がないものについては技術的見地から当社で使用する PPE のメーカー、型式を選定する。選定された型式のみが、当社において使用が認められる。

(2) 部門長は、「OHS リスクアセスメント規定」に従い業務のリスクを評価し、「PPE 選定表」に従い必要とされる PPE を決定する。

(3) 部門長は、着用を決定した PPE を「PPE 掲示表」に記録し、当該職場に掲示する。

6．訓練

部門長は、必要により OHS 事務局の協力を得て、PPE 着用対象者に対して次の事項を教育訓練し、記録する。

- どのような場合に PPE を着用するか
- どの PPE を着用するか
- 正しい PPE の着用、調節、脱着方法
- PPE の限界（耐えうる範囲）
- PPE の適切な保管、保守、管理、寿命、処分の方法

7．フィッティング

監督者は、PPE を指定され、教育訓練を受けた着用対象者に対して PPE を支給する。この際、監督者は個別の着用対象者に対して、着用の快適さと継続した PPE の有効性のためにフィット性を確認し、必要によりサイズやメーカーを代替することにより適切な PPE を選定、支給する。特に呼吸用保護具の場合は、PPE メーカーの推奨に基づきフィットテストまたはフィットチェックを実施する。

個人用保護具（PPE）選定管理手順書	2024 年 4 月 1 日版	頁 3/3

8．着用

PPE 着用対象となる従業員は、指定された職務に対して適切に PPE を着用する。これは、労働安全衛生法においても労働者に求められている要件である。監督者（保護具用着用管理責任者、作業主任者を含む）は、PPE 着用対象者の着用を監視する。

9．保守管理

従業員個々に支給された PPE は、支給を受けた従業員が受講した教育訓練に従い保守管理する。監督者は保守管理の状況を監視し、必要な指示を与える。

- 保管は化学物質や粉塵の混入を避けた清潔な冷暗所に保管する。
- 着用前には機能とフィット性を点検する。
- 着用後には必要により清浄化の措置をとる。
- 損傷や効果の低下が認められた場合は直ちに監督者に申し出て交換する。

10. 内部監査

本手順書の順守を確実なものとするために、毎年、各部門は運用状況をレビューし、内部監査員は、順守状況を確認する。

11. 関連文書

- OHS リスクアセスメント規定（XXX-YYYY）

【関連帳票】
- PPE 選定表
- PPE 掲示表

内部監査チェックリスト：部門監査用（事例）

OHSMS内部監査チェックリスト

部門監査用（事例）

部門：

監査年月日：

監査員：

No.	確認事項	判定	備考
4	**組織の状況**		
4.1	**組織及びその状況の理解**		
	部門固有の課題があるか		
4.2	**働く人及びその他の利害関係者のニーズ及び期待の理解**		
	部門における働く人のニーズ・期待はあるか		
5	**リーダーシップ及び働く人の参加**		
5.2	**OHS方針**		
	方針は組織内に伝達しているか（箇条7.3と関連）		
5.3	**組織の役割、責任及び権限**		
	責任、権限は、伝達しているか		
	部門の責任、権限は文書化され伝達しているか		
5.4	**働く人の協議（相談）及び参加**		
	安全衛生委員会の目的や部門代表者は理解されているか		
	安全衛生委員会以外の協議の機会はあるか		
	参加の障害・障壁はないか、それは除去または最小化されているか		
	次の事項に非管理職が参加しているか：		
	リスクアセスメント（危険源の特定、リスク・機会の評価、危険源除去、リスク低減処置の決定）		
	力量　教育訓練及び教育訓練のニーズの決定、教育訓練の評価		
	リスク管理方法及びそれらの効果的な実施の決定		
	インシデント及び不適合の調査、是正処置の決定		
6	**計画**		
6.1	**リスク及び機会への取組み**		
6.1.2	**危険源の特定並びにリスク及び機会の評価**		
6.1.2.1	**危険源の特定**		

No.	確認事項	判定	備考
	RAは、手順どおり実施しているか		
	RAには従事者が参加しているか		
	RAには次の事項が考慮されているか		
	作業構成、作業負荷、作業時間、虐待、ハラスメント、いじめ		
	非通常作業		
	潜在的な緊急事態		
	社内外の過去のインシデント		
	請負者、来訪者など、職場に出入りする人々		
	施工先、出張先など管理外にいる人		
	作業領域、プロセス、据付、機械/機器、作業プロセス及び作業組織の設計		
	職場の人々に負傷・疾病を生じさせ得る職場周辺の状況		
	活動及びOHSMSの変更		
	危険源に関する知識・情報の変更		
6.1.2.2	**OHSリスク及びOHSMSに対するその他のリスクの評価**		
	特定した危険源に対してOHSリスクは定められたプロセスのとおり評価しているか		
6.1.2.3	**OHS機会及びOHSMSに対するその他の機会の評価**		
	OHSパフォーマンスを高め、作業や作業環境を働く人に適合させ、危険源を除去しOHSリスクを低減するOHS機会は存在する		
6.1.3	**法的要求事項及びその他の要求事項の決定**		
	部門に関連する法的要求事項が決定され、入手されているか		
	部門に関係するその他の要求事項が特定されているか		
	入手した情報が関係者に伝達され、OHSMSに反映されているか		
6.1.4	**取組みの計画策定**		
	次の事項を実行するための処置を計画しているか		
	リスク・機会への取組み		
	法的その他の要求事項への取組み		
	緊急事態の準備・対応		
	その取組みの有効性の評価方法		

No.	確認事項	判定	備考
	取組みの計画にあたり、管理策の優先順位を考慮しているか		
	取組みの計画にあたり、ベストプラクティス、技術的選択肢などを考慮しているか		
6.2	OHS目標及びそれを達成するための計画策定		
6.2.1	OHS目標		
	部門においてOHS目標を確立しているか		
	OHS目標をモニタリングしているか（箇条9.1）		
	OHS目標は必要な人員に伝達されているか		
	OHS目標は必要に応じて更新しているか		
6.2.2	OHS目標を達成するための計画策定		
	実施計画には以下が明確になっているか		
	実施事項		
	必要な資源		
	責任者		
	達成期限		
	結果の評価方法（モニタリングの指標を含む）		
	目標及び実施計画は文書化しているか		
7	**支援**		
7.1	資源		
	部門に必要な経営資源（人的、専門技能、インフラ、技術、資金）が明確にされ、提供されているか、不足はないか		
7.2	力量		
	OHSパフォーマンスに影響を与える働く人に必要な力量を決定しているか		
	適切な教育、訓練又は経験に基づいて、働く人が力量を備えているか		
	必要な力量を身につけるための処置を取っているか		
	取った処置の有効性を評価しているか		
	十分な力量を有することを証明する記録があるか		
7.3	認識		
	部門の働く人が次の事項を認識しているか		

No.	確認事項	判定	備考
	OHS方針、OHS目標		
	OHSMSに対する自らの貢献		
	OHSMS要求事項に適合しないことの悪影響		
	関連するインシデントと調査結果		
	働く人に関連する危険源、OHSリスク管理策		
	切迫した危険から逃れる処置と、その行動により不当な処分を受けないこと		
7.4	**コミュニケーション**		
	内部コミュニケーションの内容、時期、対象者は適切か		
	請負者、来訪者に対するコミュニケーションは適切か		
	コミュニケーションは、性別、言語、障害等を考慮しているか		
	コミュニケーションは法令等要求事項が考慮されているか		
	必要に応じて、コミュニケーションに関する記録はあるか		
7.5	**文書化した情報**		
	部門が作成した文書は作成・改訂時に責任者によってレビュー及び承認されているか		
	文書は適切な媒体で作成され、最新版が利用できるか		
	SDSを含む外部文書が明確にされ、配布が管理されているか		
	廃止文書は部門から撤去されているか		
8	**運用**		
8.1	**運用の計画及び管理**		
8.1.1	**一般**		
	部門に適用される運用のプロセス／手順は何か（箇条6.1.4と関連）	列挙	
	プロセス／手順は運用基準を設定しているか		
	プロセス／手順は運用基準に従って適切に実施しているか		
	指定された個人用保護具は適切に着用しているか		
	必要に応じてプロセス／手順が実施されたことを確認できる記録はあるか		
	働く人に合わせて作業を調整しているか		
	請負者がいる場合、OHSMSの関係する部分を調整しているか		

- 215 -

No.	確認事項	判定	備考
8.1.2	**危険源の除去及びOHSリスクの低減**		
	危険源の除去及びOHSリスク低減の際、次の優先順位に従っているか		
	①危険源の除去		
	②危険性の低いプロセス、操作、材料、又は設備への代替		
	③工学的対策の実施、作業構成の見直し		
	④管理的対策の実施（教育訓練含む）		
	⑤個人用保護具の使用		
8.1.3	**変更の管理**		
	前回内部監査以降の変更はあるか	列挙	
	職場の場所・周りの状況		
	作業の構成		
	労働条件		
	設備		
	労働力		
	法的その他の要求事項		
	危険源・OHSリスクに関する知識、情報の変化		
	知識・技術の発達		
	上記の変更は変更管理のプロセスに従っているか		
	意図しない変更は生じているか	列挙	
	意図しない変更によって生じた結果をレビューし、有害な影響を軽減する処置をとっているか		
8.1.4	**調達**		
8.1.4.1	**一般**		
	前回内部監査以降、部門において製品・サービスの調達をしているか	列挙	
	調達は調達プロセスに従っているか		
8.1.4.2	**請負者**		
	部門に関連する請負者はいるか	列挙	
	請負者に関連するRAが実施され、管理するためのプロセスは実施されているか		

No.	確認事項	判定	備考
8.1.4.3	**外部委託**		
	部門が主管するアウトソースはあるか	列挙	
	アウトソースはプロセスに従って管理しているか		
8.2	**緊急事態への準備及び対応**		
	救急処置への準備は適切か（手順、要員、備品）		
	避難通路、避難口は適切に維持されているか		
	部門に関連する緊急事態対応プロセス／手順はあるか	列挙	
	プロセス／手順の定期的テスト・演習は実施しているか		
	テスト後にプロセス／手順を見直し、必要に応じて改訂しているか		
	部門の働く人の義務及び責任に関する情報の伝達・提供は適切か（自衛消防組織の役割を含む）		
	部門固有の緊急事態対応プロセス／手順は文書化しているか		
9	**パフォーマンス評価**		
9.1	**モニタリング、測定、分析及びパフォーマンス評価**		
9.1.1	**一般**		
	部門が実施するモニタリング、測定、分析、パフォーマンス評価するプロセスは次の事項を決定しているか		
	モニタリング・測定の対象		
	危険源、リスク、機会に関わる活動・運用		
	目標達成に向けた進捗		
	運用・その他の管理策の有効性		
	モニタリング、測定、分析及びパフォーマンス評価の方法		
	OHSパフォーマンス評価の基準		
	モニタリング・測定の実施時期		
	モニタリング・測定の結果の分析、評価、コミュニケーションの時期		
	決定した上記のモニタリング、測定、分析、パフォーマンス評価するプロセスは実施しているか		
	部門に関連する作業環境測定は実施しているか		
	部門に関連する定期自主検査は実施しているか		
	モニタリング、測定、分析及びパフォーマンス評価の記録はあるか		

No.	確認事項	判定	備考
	保守・校正が必要なモニタリング・測定機器はあるか		
	モニタリング・測定機器はプロセス通り保守・校正され記録されているか		
9.1.2	**順守評価**		
	法的その他の要求事項の順守を定期的に評価するためのプロセスは実施されているか（部門で実施する場合に限る）		
9.3	**マネジメントレビュー**		
	マネジメントレビューのアウトプットを部門の働く人に伝達しているか		
10	**改善**		
10.1	**一般**		
	部門に関連する改善の機会を決定されているか		
10.2	**インシデント、不適合及び是正処置**		
	前回内部監査以降、インシデント（労働災害、ニアミス）は発生しているか	列挙	
	インシデントに対する修正処置は適切か		
	インシデントに対する既存のRAをレビューしているか		
	インシデントに対する原因究明は適切か		
	対策実施前に新しい／変化した危険源に関連するOHSリスクを評価しているか		
	インシデントに対する是正（再発防止）処置は適切か（管理策の優先順位は考慮しているか）		
	是正（再発防止）処置の有効性はレビューしているか		
	是正（再発防止）処置は関係者に伝達しているか		
	他部門のインシデントに対して、自部門での是正処置の必要性を評価しているか		
	前回内部監査以降、是正処置の必要性は発生しているか（内部監査指摘、法令違反、目標未達など）	列挙	
	是正処置は、プロセスどおり実施されているか（修正処置、原因究明、再発防止、有効性レビュー、記録、関係者への伝達）		
10.2	**継続的改善**		
	継続的改善のために部門の安全文化は促進されているか		
	継続的改善の対策実施に部門の働く人の参加を促進しているか		
	継続的改善の関連する結果は部門の働く人に伝達しているか		

用語索引

欧文

HLS	20
IAF	16, 184
ILO	17
OHS パフォーマンス	29
OHSAS 18001	17, 24
OHSAS 18002	24, 88, 116, 127, 133
OHS リスク	21, 26, 32, 64, 66
OHSMS リスク	65, 70, 71
OHS 機会	33, 65, 70, 73
OHSMS 機会	33, 65, 70, 73
OHS 方針	29, 54, 87
OHS 目標	29, 54, 87
OSHA	111

あ

安全	4, 28, 32
安全衛生委員会	61, 104
安全文化	13, 52, 151
一時的変更	119
意図した成果	28
意図しない変更	119
インシデント	150
請負者	104, 122

か

外部委託（アウトソース）	123
外部の課題	38
課題	35
監査	139
監査プログラム	141
機会	32, 64
危害	77, 165
気候変動	35, 40

協議

協議	60
緊急事態	83, 127
計画的変更	119
継続的改善	29, 31, 47, 151
継続的改善の機会	146
構内請負者	44
コミュニケーション	79, 103

さ

参加	60
資源	89, 93
順守評価	77, 136
説明責任	57
戦術的目標	88
戦略的目標	88
測定	132
その他の要求事項	79

た

妥当性	131
適切性	131
適用範囲	43, 176
トップインタビュー	39, 53, 148
取組みの計画	83

な

内部監査	139, 212
内部の課題	38
認識	101
認証	16, 44, 177
認証機関	77, 181, 183
認証審査	180, 184
認定機関	181

は

働く人……………………… 28, 60, 101

パフォーマンス………………… 87, 131

パフォーマンス評価………………… 131

評価………………………… 132

不安全行動…………………………… 3

不安全状態…………………………… 3

附属書 SL …………………… 20, 32

プロセス………………… 30, 47, 116

文書化した情報………………… 33, 111

分析………………………… 132

変更の管理…………………… 119

法的要求事項…………………… 40, 77, 132

法令等要求事項………… 40, 77, 104, 132

ま

マネジメントレビュー…………… 133, 145

モニタリング………………… 89, 132

や

有効性………………… 84, 131, 133, 141

要求事項…………………………40

ら

利害関係者………………… 40, 103

力量………………………… 95, 182

リスク……………… 21, 32, 64, 69, 71, 158

あとがきに代えて

本書『ISO 45001 実践ハンドブック』の改訂版をお届けできることを、心より嬉しく思います。初版を世に送り出した 2018 年、ISO 45001 は労働安全衛生マネジメントシステムの国際規格として注目を集めました。当時、企業の労働安全衛生への取り組みは、労働災害の防止に重点を置いたものが主流でした。しかし、それからの 6 年間で、労働安全衛生は「持続可能な経営」の重要な柱としてより強く位置づけられるようになりました。

この間、サステナビリティ、SDGs（持続可能な開発目標）、ESG（環境・社会・ガバナンス）といった考え方が急速に広まりました。企業に求められるのは、単なる事故や労働災害の防止に留まらず、従業員のウェルビーイング、ダイバーシティの推進、公正な労働環境の構築を通じて社会的価値を生み出すことです。労働安全衛生の取り組みは、SDGsの中でも特に「目標 8：働きがいも経済成長も」への貢献が期待されています。この中で重要なキーワードが Decent Work（人間らしい働き方）であり、労働災害は最も人間らしくない働き方に繋がるものです。Decent Work を果たすことが企業の持続可能性を高める鍵となります。

改訂版では、初版で触れた「ISO 45001 発行の背景」など基礎的知識を減らし、リスクアセスメントなど実務的内容を充実させました。これにより、読者の皆様が ISO 45001 を単なる認証取得の対象ではなく、規格遵守のツールとしてではなく、OHS リスクを低減し Decent Work の組織全体の持続可能な成長を支える実践的なフレームワークとして活用いただくことを願っています。

最後に、労働安全衛生は全ての労働者の基本的な権利であると同時に、組織が社会的責任を果たすための出発点でもあります。この改訂版が、より多くの企業や団体での安全で健康的な職場づくりの一助となり、一人でも多くの人々が安心して働ける未来の実現に貢献できれば幸いです。

改訂版の出版にあたり、多大なるご支援をいただいた労働調査会の坂巻大様に厚く御礼を申しあげます。

最後に、いつも支えてくれる弊社スタッフの門倉典子さん、妻 美智子に感謝します。

2025 年 1 月

黒崎　由行

参考文献

ISO 45001:2018 労働安全衛生マネジメントシステム―要求事項及び利用の手引

ISO 45002:2023 労働安全衛生マネジメントシステム　ISO 45001:2018 の実施に関する一般指針

OHSAS 18002:2008 労働安全衛生マネジメントシステム― OHSAS 18001:2007 実施のための指針

ISO 9001:2015 品質マネジメントシステム―要求事項

ISO 14001:2015 環境マネジメントシステム―要求事項及び利用の手引

ISO 19011:2011,2018 マネジメントシステム監査のための指針

ISO/IEC GUIDE 51:2014 Safety aspects – Guidelines for their inclusion in standards

BS 18004 Guide to achieving effective occupational health and safety performance

JIS Q 45100 労働安全衛生マネジメントシステム – 要求事項及び利用の手引 – 安全衛生活動などに対する追加要求事項（原案）

黒崎由行・鈴木剛「送検理由に学ぶ安衛法の理解」，労働調査会（2013）

ジェームズ・リーズン「組織事故」，日科技連（1999）

濱田勉「安全はマネジメント～リスクアセスメントの活かし方」，労働調査会（2021）

黒崎由行，グローバル企業との比較に見る日本の OHSMS の課題，2017；56：84-91

著者

黒崎　由行

　労働安全コンサルタント（化学）

　労働衛生コンサルタント（衛生工学）

　ISO 45001/14001/50001/39001/20121　主任審査員（現在は返上）

　環境ワークス株式会社　代表取締役

　〈著書等〉

　送検理由に学ぶ安衛法の理解（労働調査会）

　OHSAS 18002:2008（翻訳委員会委員）

監修者（初版）

BSI グループジャパン株式会社

　BSI（British Standards Institution，英国規格協会）は、1901 年に設立された世界で最も歴史のある国家規格協会である。BSI は、ISO 9001、ISO 14001 などの原型となる英国規格を開発し、また ISO 45001:2018 や ISO 14001:2015 を開発したプロジェクト委員会の事務局長を務めるなど、ISO マネジメントシステムに深く関与している

　【監修実施者】（略歴は当時）

　　内藤　高志

　　　認証事業本部　部長

　　　日本マネジメントシステム認証機関協議会（JACB）　労働安全衛生技術委員会委員長

　　　ISO 45001/14001/9001　主任審査員

　　鈴木　剛

　　　労働安全コンサルタント（土木）

　　　技術士（総合技術監理部門、建設部門）

　　　ISO 45001/14001/9001/50001　主任審査員

　　　株式会社恵南技術サービス　代表取締役

〈本書の内容に関するお問い合わせは下記までお願いします〉

環境ワークス株式会社

〒 320-0056 栃木県宇都宮市戸祭 2 丁目 9 － 28

E-mail：info@esh.co.jp

労働安全衛生マネジメントシステム

改訂版 ISO 45001 実践ハンドブック

平成30年10月31日　初版第 1 刷発行
令和 7 年 3 月21日　改訂版第 1 刷発行

著　者　黒崎　由行
発行者　藤澤　直明
発行所　労働調査会
〒170-0004 東京都豊島区北大塚 2 － 4 － 5
TEL 03（3915）6401
FAX 03（3918）8618
〔HOMEPAGE〕https://www.chosakai.co.jp/
© Yoshiyuki Kurosaki 2025
ISBN978-4-86788-065-4 C2030

落丁・乱丁はお取替えいたします。

著作権法により、本書のすべてが保護されていますので、たとえ図表の一部分といえども、
複写・複製（コピー、磁気媒体への入力等を含む）を行うことを厳に禁じます。